HOW TO SURVIVE

IM RUHESTAND

DIETRICH VON HORN & HEIN-DIRK STÜNITZ

HOW TO SURVIVE

IM
RUHESTAND

**Wie man das Leben ohne Arbeit
in vollen Zügen genießen lernt**

Mit Illustrationen
von Jana Moskito

SCHWARZKOPF & SCHWARZKOPF

INHALT

VORWORT: WIR RUHESTÄNDLER MÜSSEN ZUSAMMENHALTEN 9

1. »DENKT AN DAS FÜNFTE GEBOT: SCHLAGT EURE ZEIT NICHT TOT!« 13

Wie ein guter Rat der Ehefrau helfen kann · Wie ein Keller befreien kann · Wie Sport als idealer Zeitvertreib genutzt wird · Wie die Konsequenzen eines vergammelten Tages aussehen · Wie man auch im Scheitern seine Visionen behält · Wie der Ruheständler das Radfahren nutzt, um in Bewegung zu kommen · Wie man Talkshows auch sehen kann · Wie Singen auch ohne Chor beglücken kann · Wie man auch im Ruhestand den Computer nutzen kann

2. »ICH GLAUBE, DARIN SIND WIR UNS ALLE EINIG: DIE VERGANGENHEIT IST VORBEI« 39

Wie man zum Schreiben findet · Wie der Ruheständler Urlaub und Nostalgie verbindet · Wie das Sortieren von Erinnerungen zur Auseinandersetzung mit der eigenen Vergangenheit führt · Wie man verhindert, dass Pläne nur vom Kopf bestimmt werden · Wie man den Ruhestand im Ruhestand findet · Wie man auf Flohmärkten an Vertrautes erinnert werden kann · Wie sich jeder Ruheständler in Statistiken wiederfinden kann

3. DIE ERFAHRUNG KÖNNTE DIE BESTE LEHRERIN SEIN, WENN DIE SCHÜLER NICHT SO UNAUFMERKSAM WÄREN 59

Wie man einen Arztbesuch auch erleben kann · Wie ein Stammtisch zum Fixpunkt in der Woche wird · Wie man eine Versuchung am ehesten loswird, indem man ihr nachgibt · Wie der Ruheständler lernt, nicht an der falschen Stelle Geld zu sparen · Wie man lernt, keine falschen Rückschlüsse zu ziehen · Wie man sich mit Mut beruhigen kann · Wie man beim Anziehen der Socken überlebt · Wie man sich aus dem Leben verabschieden kann

4. DEM GEHIRN AUF DIE SPRÜNGE HELFEN 81
Wie sich der Ruheständler beim lebenslangen Lernen unterstützen lassen kann • Wie der Einkauf dem Gehirn auf die Sprünge hilft – oder nicht • Wie man die Tageszeitung für sich nutzen kann • Wie ein »Boreout« verhindert wird • Wie man sein Selbstbewusstsein stärken kann • Wie man sich ganz legal bereichern kann • Wie der Ruheständler von Erich Kästner lernen kann • Wie schön es ist, in der Stadtbücherei zu sitzen

5. LANGEWEILE MACHT KRANK 105
Wie ein zweiter Fernseher helfen kann • Wie der Ruheständler den Tag mit Musik bereichert • Wie man jedem Tag eine Struktur gibt • Wie auch ungeliebte Arbeiten befriedigen können • Wie man, ohne Sinnvolles zu tun, einen sinnerfüllten Tag genießen kann • Wie man beim Einkauf sparen kann – zumindest theoretisch • Wie man nicht aufhört, Neues zu probieren • Wie man Langeweile auch verhindern kann • Wie man guten Ratschlägen widersteht

6. IM RUHESTAND ZU SEIN, HEISST NOCH LANGE NICHT, DASS MAN ALT IST 135
Wie der Ruheständler Abenteuer und Abwechslung in den Alltag bringen kann • Wie man als Komparse ins Filmgeschäft einsteigen kann • Wie man die Aufmerksamkeit der nächsten Generation erlangen kann • Wie Vereinsamung verhindert wird • Wie befriedigend es sein kann zu telefonieren • Wie man in Zeiten der grenzenlosen Freizeit den Urlaub nicht vergisst • Wie es guttun kann, nach Venedig zu fahren • Wie man mitmischen kann, ohne in einer Partei zu sein • Wie man Sinnlichkeit wieder neu entdecken kann

7. »HALTUNGSSCHÄDEN BEGINNEN IM KOPF. NICHT IM RÜCKEN« 161
Wie der Mut zu einer Entscheidung beglücken kann • Wie das banale Fußballgucken zu einer Erkenntnis führen kann • Wie man eine Nacht nicht verbringen sollte • Wie der Ruheständler aus einem schlechten

Beispiel lernen kann • Wie aus Kleidern Leute gemacht werden – auch im Ruhestand • Wie man auf Sinnsuche gehen kann • Wie man verhindert, dass Träume nicht wahr werden • Wie man sich den Blick für das Wesentliche bewahrt • Wie man lernt, die Annehmlichkeiten des Ruhestandes zu genießen • Wie man lernt, sich auf jeden neuen Morgen zu freuen

8. IMMER IS' WAS 187

Wie man als Ruheständler helfen kann • Wie man Vorruheständler gleichzeitig beruhigen und beunruhigen kann • Wie lästige Besuche zur Abwechslung beitragen können • Wie man aus einem Apothekenbesuch eine erstaunliche Erkenntnis gewinnen kann • Wie der Besuch eines Baumarktes der Ablenkung dienen kann • Wie Man(n) die Küche erobern kann • Wie Pfeife rauchen bei der Erkenntnis hilft, dass Probieren über Studieren geht • Wie man sich der Gemeinschaft nicht verschließt • Wie man auf den Trichter kommt, nicht auf Mallorca zu überwintern • Wie man den Ruhestand auf dem Mars überleben könnte

9. AUSSAGEN UND GESAMMELTE RATSCHLÄGE ZUM RUHESTAND 215

Wie sich Berühmtheiten und andere zum Ruhestand äußern • Wie ein Gedicht alles auf den Punkt bringen kann • Wie sich der Ruhestand reimt • Wie man den Ruhestand mit weisen, humorvollen Sprüchen überleben kann • Unsere gesammelten Ratschläge I • Unsere gesammelten Ratschläge II

DANKE 229

VORWORT

WIR RUHESTÄNDLER MÜSSEN ZUSAMMENHALTEN

Liebe Leserinnen und Leser,
wenn Sie dieses Buch in der Hand halten, gehören Sie wahrscheinlich wie wir zu den über 20 Millionen Ruheständlern unseres Landes. Oder Sie stehen kurz vor dem Eintritt in die Rente und beschäftigen sich klugerweise rechtzeitig mit dem neuen Lebensabschnitt.

Ruhestand. Was für ein Wort. Hat was von einem Pleonasmus. Nein, keine Bange, wir wollen nicht mit unserem Fremdwortschatz protzen, aber Sie kennen alle diese Häufung sinngleicher Ausdrücke. Na ja, so was wie »weißer Schimmel«, »Düsenjet« oder »Pulsschlag«. *Ruhestand.* Wenn einer steht, ist er zumindest nicht in Bewegung. Das erinnert an die Yoga-Übung *Tadasana*, die sogenannte Berghaltung. Apropos Yoga. Wäre ja auch etwas, was man mal probieren könnte, denn zu spät kann man nie anfangen.

Wer hat's denn nun erfunden, das Wort *Ruhestand*. Etwa die Schweizer? Liegt irgendwie nahe, denn laut einem Vorurteil sind die Vielsprachigen nicht gerade wegen ihrer überschäumenden Dynamik bekannt.

Ihnen als Rentner oder Pensionär ist die Wortherkunft vermutlich völlig latte. Es sei denn, Sie könnten noch einen Macchiato hinzufügen.

»Was tut ein englischer Rentner? Er steht um neun Uhr auf, trinkt ein Glas Scotch und geht zum Golfspielen.

Und ein französischer Rentner? Er steht um zehn Uhr auf, trinkt ein Glas Bordeaux und geht zu seiner Freundin.

Und ein deutscher Rentner? Er steht um sieben Uhr auf, nimmt seine Herztropfen und geht zur Arbeit.«

Damit dieser Horror nicht Wirklichkeit wird, müssen wir Ruheständler zusammenhalten. Wer sind wir denn? Wir haben doch nicht 40 Jahre oder länger gebuckelt, um festzustellen, dass auch unser letzter Lebensabschnitt nur von Arbeit geprägt wird. Wenn wir schon die Freiheit haben, dann wollen wir den Ruhestand anders überleben. Wir wollen ihn selbstbestimmt gestalten, genießen und nicht in Ruhe stehen bleiben, wie uns das Wort weismachen will.

Wir als erfahrene Ruheständler wollen Sie mit diesem Ratgeber teilhaben lassen an unseren Ideen und Erlebnissen. Manches von dem, was wir berichten, ist frei erfunden, das meiste aber ist dicht an unserer Lebenswirklichkeit. Mit Ernsthaftigkeit, aber immer verbunden mit einem Augenzwinkern möchten wir Sie teilhaben lassen an den Versuchen, unserem Ruhestand das Beste abzugewinnen.

Als letztes Kapitel finden Sie eine Zusammenfassung unserer Tipps zum Ruhestand.

Wir wünschen Ihnen vergnügliches Lesen. Wenn das dann noch verbunden ist mit Erkenntnissen und neuen Sichtweisen, haben wir unser Ziel erreicht.

Ihre Autoren
Dietrich von Horn und Hein-Dirk Stünitz

KAPITEL EINS

»DENKT AN DAS FÜNFTE GEBOT: SCHLAGT EURE ZEIT NICHT TOT!«

ERICH KÄSTNER

1

Wie ein guter Rat der Ehefrau helfen kann

Die große Abschiedsfeier vom Vorabend ist Geschichte. Der Ernst des Ruhestands beginnt. Meine Gattin, die klügste aller Ehefrauen, gibt mir einen aus ihrer Sicht enorm wichtigen Hinweis. Gar nicht erst mit dem Verlottern anfangen. Schon der erste Tag sollte mit sinnvollen Tätigkeiten gestaltet werden. Sie hat auch schon einen Vorschlag zu machen. In meiner grenzenlosen Naivität macht sich bei mir keine Skepsis breit. Ich bewundere ihre spontane Kreativität.

Man hätte sich doch gerade den unglaublich teuren Perserteppich bei Möbel-Troller gekauft. Der Verkäufer hatte sie mit dem Hinweis überzeugen können, dass der Teppich 200.000 Knoten auf einem Quadratmeter habe. Da wäre es doch eine tolle Idee, diesen Fakt zu überprüfen. Vielleicht könne man ja noch nachverhandeln. Außerdem sei damit der erste Tag gut strukturiert, und die Tätigkeit führe zu Ruhe und Gelassenheit. Diesen Argumenten kann ich mich nicht verschließen.

Nach dem Frühstück werden Tisch und Stühle zur Seite geräumt und die Frage, ob Gleitsicht- oder Lesebrille, wird zugunsten der letzteren getroffen.

Mit Zollstock und Klebeband bewaffnet wird der Teppich umgeschlagen und ein Quadratmeter abgeklebt. Auf einem Schemel sitzend, den Teppich über die Knie geschlagen, kann die Arbeit beginnen. Ich habe gerade die ersten drei Knoten gezählt, da fällt mir ein, dass Musik die Konzentration fördern könnte. Also schnell noch eine CD mit Liedern von Willy DeVille eingelegt. Ist schließlich meine Lieblingsmusik beim Bügeln. Und so zähle ich zum Song »Some people call me a Junkie just because I'm high all the time«.

»Eins, zwei, drei ...« Laut zählen hilft. Aber beim 175. Knoten kommen leichte Unsicherheiten auf. Der Blick verschwimmt. Ich

entscheide mich dafür, Zwischenergebnisse zu sichern. Doppelt hält besser: mit einem Filzstift jeden 100. Knoten markieren und auf dem Rechner des Smartphones eintippen.

Ich bewundere mich für meinen Einfallsreichtum. Wär ja auch zu blöd, bis 200.000 durchzuzählen. Läuft fabelhaft. Höchste Konzentration ist nur erforderlich, wenn ich eine neue CD einlegen will.

Meine Gattin ruft zum Mittagessen. Dauert doch irgendwie länger, als ich gedacht habe. Eine genaue Zahl ist mir nach der von mir gewählten Technik zwar nicht zugegen, aber geschätzt habe ich erst einen viertel Quadratmeter geschafft.

Die Weinschorle zum Essen wird von der Gattin mit dem Hinweis verweigert, dass Alkohol nun wirklich nicht Konzentration und Durchhaltevermögen fördern würde. Unmut über meinen Ruhestand macht sich bei mir aber noch nicht breit.

Ich verkneife mir auch die vielleicht zynisch klingende Bemerkung, dass ich ja noch Glück gehabt habe, weil es als Beilage Püree gibt. Sonst hätte ich noch Erbsen zählen müssen.

Wieder an die Arbeit! Vielleicht zur Abwechslung mal andere Musik, denn so lange hab ich noch nie gebügelt. Rap wäre nicht gut. Zu viel Text würde nur ablenken. Ich probiere es mal mit sphärischen Klängen, die meine Gattin zu ihrer Meditation auflegt. Beruhigt zwar, aber hoffentlich schlaf ich nicht ein. So ein Sekundenschlaf ist nicht nur beim Autofahren gefährlich!

Zu Kaffee und Kuchen gerufen, habe ich einen genauen Überblick. Der halbe Quadratmeter ist geschafft. Meine Gattin äußert Sorgen um meinen Rücken. Besonders in meinem Alter sollte man gerade sitzen. Weil ich spüre, dass nur pure Fürsorge sie zu dieser Bemerkung veranlasst hat, verzichte ich auf den Hinweis, dass ich bereits Stunden gebückt auf einem Hocker verharre.

Ein wenig Müdigkeit macht sich bemerkbar. Also noch mal vom Hocker hoch und eine wirklich fetzige Scheibe aufgelegt. Die Techno-CD meiner Tochter muss es richten.

Die zwei Stunden bis zum Abendbrot vergehen wie in Trance. Ich komme richtig voran. Geschätzt fehlt nur noch ein Zehntel des Quadratmeters.

Meine Gattin unterstützt mich nach besten Kräften. Sie gestattet mir zur Graubrotscheibe mit Salatgurke ein alkoholfreies Weizenbier.

Mit zugegebenermaßen eingeschränktem Elan setze ich mich auf meinen Schemel. Der Filzstift ist gezückt, die nächsten 100 Knoten sind gezählt. Ich werfe einen Blick auf das Smartphone. Der Akku ist leer. Ich habe keine Lust, von vorne anzufangen. Der Tag ist geschafft, aber meine Träume sind nicht schön. Ich zähle Knoten und muss immer wieder von vorne beginnen. Was das wohl zu bedeuten hat?

Und was sagt uns das?

Beschäftigung um jeden Preis füllt zwar den Tag, führt aber nicht zur Glückseligkeit.

2

Wie ein Keller befreien kann

Nach dem Fiasko des ersten Tages hält sich meine Lust auf einen erneuten Anlauf im Knotenzählen in Grenzen. Vielleicht mal eine eigene Idee entwickeln.

Nach einem mit mir selbst veranstalteten Brainstorming entscheide ich mich für den Keller. Mir erscheint es äußerst sinnvoll, mein Refugium von Überflüssigem zu befreien und Ordnung hineinzubringen. Die skeptische Nachfrage meiner Gattin, wie viele Wochen ich denn im Halbdunkel verbringen wolle, kann mich nicht einschüchtern. Ich trete den Gang nach unten an.

Weil ich seit geraumer Zeit den Keller nicht betreten habe, bin ich doch überrascht, wie viel sich im Laufe der Jahre angesammelt hat. Aber man kann immerhin noch eine gewisse Struktur erkennen.

Hermann Hesses geflügeltes Wort »Und jedem Anfang wohnt ein Zauber inne ...« kommt mir in den Sinn. Bin mal gespannt.

Zunächst stehe ich da und drehe mich im Kreis. Wo soll ich anfangen? Vielleicht bei den Regalen? Oder vielleicht doch erst in der hintersten Ecke und dann langsam vorarbeiten?

Ich fasse einen Entschluss. Als Erstes muss Überflüssiges raus.

Fang ich doch mal bei den Kartons an. Die ersten zwei enthalten Kacheln. Jeweils etwa 20 Wand- und Bodenfliesen lagern seit gut 25 Jahren unter dem Regal. Sind damals, als das Bad renoviert wurde, übrig geblieben. Könnte ja mal eine kaputtgehen, wenn man eine Flasche fallen lässt, oder eine zerspringt beim Bohren. Ist erstaunlicherweise nie passiert. Aber man weiß ja nie. Außerdem sind 40 Kacheln erstaunlich schwer. Also erst mal stehen lassen.

Die nächsten Kartons: Puppen, Kinderspiel, Playmobil, Legosteine ohne Ende. Sentimentaler Kram, was soll das? – Na ja, wer weiß, ob nicht vielleicht einmal die Enkelkinder, Neffen oder Nichten schimpfen, wenn sie mitbekommen, was man da vernichtet hat. Besser nicht anrühren.

Ich lasse den Blick weiterschweifen.

Die zwei Tischbeine aus schwarz lackiertem Metall fallen ins Auge. Wofür waren die noch? Eigentlich egal, denn Tischbeine kann man immer gebrauchen. Aber ich muss doch irgendwo beginnen. Also zur Seite stellen. Ist ja auch schon ein Anfang.

Die beiden leicht verschrumpelten Basketbälle können nicht weg. Dann gibt es Ärger mit den Kindern.

Vielleicht doch nicht die richtige Strategie, mit dem Wegwerfen zu beginnen. Besser, erst mal das zu sortieren, was ich ohnehin behalten will.

Ach richtig, die Kästen mit den Schrauben, Nägeln, Lüsterklemmen, Dübeln und so weiter wollte ich schon immer so in Ordnung bringen, dass sie bei Notwendigkeit gleich greifbar sind.

Ich bin begeistert, welche Vielfältigkeit sich da im Laufe der Jahre entwickelt hat. Die Sortenvielfalt der Nägel hält sich noch in Grenzen. Gewieft, wie ich bin, kippe ich alle Nägel in einen Karton und stelle acht Schächtelchen zur Sortierung bereit. Schließlich gilt es, Sorten und Größen zu trennen. Auf geht's. Am leichtesten lassen sich die 10-Zoll-Nägel herausfingern. Wofür hab ich denn diese Riesendinger mal benötigt? Muss wohl gewesen sein, als ich die große Schaukel mit sechs Meter langen Holzstämmen für die Kinder gebaut habe. Längst verrottet und entsorgt. Die leicht aufkommende Wehmut hindert mich nicht, die Stahlnägel zu entdecken. Die habe ich noch vor zwei Monaten verzweifelt gesucht, als ich den Gerätestall reparieren wollte. Da hat sich das Kelleraufräumungsprojekt doch schon gelohnt.

Glücklicherweise ruft meine Gattin zum Mittagessen.

Aber morgen ist ja auch noch ein Tag.

Und was sagt uns das?

Aufräumen dauert meist länger als geplant, befreit aber.

3

Wie Sport als idealer Zeitvertreib genutzt wird

»Zeitvertreib«. Was für ein unsinniges Wort. Wer will schon die Zeit vertreiben? Die läuft doch ohnehin immer schneller weg. Oder hab ich es etwa nötig, die Zeit zu vertreiben, weil ich Angst habe, der Langeweile zu erliegen?

Sei dem, wie ihm wolle, ein Hobby könnte nicht schaden.

Die Werte bei der letzten Vorsorgeuntersuchung auf dem Ergometer waren nicht die besten. Die Worte meines Hausarztes: »Ein bisschen Sport könnte nicht schaden« kommen mir wieder ins Gedächtnis. Sport, das wär doch was. Ein Punkt mehr auf der täglichen Agenda. Und gesund dazu. Aber welche Sportart?

Laufen? Ging früher ja noch. Ich bin sogar mal einen Marathon gelaufen. Na gut, da hatte ich noch 15 Kilo weniger auf den Rippen, und die Knie waren auch noch nicht kaputt. Da kommt die alte Leidenschaft »Sqashen« auch nicht mehr in Betracht. Die Windsurf-Ausrüstung ist schon lange auf dem Sperrmüll gelandet. Aber da steht ja noch das Rennrad. Das hat damals viel Geld gekostet. Der Alu-Rahmen, die guten Laufräder und die Shimano-Komponenten beliefen sich zusammen auf 1.900 D-Mark. Aber ich musste ja versuchen, mit meinen Freunden mitzuhalten. Holger, Gregor und Jürgen waren mir auf den langen Touren einfach überlegen. Fehlte nur noch, dass mich meine Gattin bergab überholte. Bergauf hatte ich ohnehin keine Chance. Das gute Material half manchmal. Die Rennradschuhe finde ich auch noch im Keller. Sind ein bisschen enger. Wachsen die Füße im Alter? Ich pumpe die Reifen auf und drehe, voller Nostalgie, eine Runde um den Block. Die zwei Kilometer versuche ich zu genießen. Aber es kommt keine Freude auf. Schon nach 500 Metern spüre ich den harten Sattel, und die Kurvenfahrten sind ungelenk. Unsicherheit macht sich breit. Demütig schiebe ich das Rad in den Stall. Gott sei Dank hat meine Gattin nichts mitbekommen, weil sie Kaffee und Kuchen auf der Terrasse vorbereitet hat.

Während meine Gattin den Kaffee einschenkt, marschieren drei Walkerinnen vorbei. Mir rutscht spontan heraus: »Mann, sieht das beknackt aus, wenn die mit ihren Stöcken daherdackeln.«

»Was ist denn los? Warum so aggressiv? Die treiben wenigstens Sport?«, wundert sich meine Gattin.

»Könnte für dich auch gar nicht so schlecht sein, sich mal wieder ein wenig zu bewegen!«

Meine kleinlaute Äußerung, dass ich daran auch schon gedacht hätte, führt dazu, dass meine Gattin mir das örtliche Anzeigenblatt entgegenhält. Sie zeigt mir eine Anzeige eines benachbarten Golfklubs. »Golf-Schnupperkurs. Für zwei Stunden ist unser Trainer für Sie da. Eine Golfausrüstung ist nicht nötig. Kommen Sie in lockerer, sportlicher Kleidung und Sportschuhen, Golfschläger und Bälle werden gestellt. Kosten pro Teilnehmer betragen 19 Euro. Am nächsten Tag können Sie kostenlos beim Kennenlern-Golfen mit einem erfahrenen Golfer über den Platz gehen.«

»Das wär doch was für dich!«

Ich weiß nicht so recht. Diese elitäre Clique und ich? Aber probieren kann ich es ja mal. Nach dem Anruf bei der angegebenen Telefonnummer bekomme ich einen Termin. Schon vier Tage später, einem Freitag, möchte ich mich bitte um elf Uhr im Sekretariat des Golfklubs melden. Ich bestätige die Buchung.

Am Freitag verabschiede ich mich von meiner Gattin um zehn Uhr. Die geplante Fahrtzeit beträgt zwar nur 15 Minuten, aber meine Vor-Start-Aufregung lässt mir keine Ruhe. Was da wohl für Typen auf mich warten?

Auf dem Parkplatz des Golfklubs stehen etwa 20 Autos, unter denen sich nur zwei »Nobelkarossen« befinden. Sollten hier auch Normalos ihrem Sport nachgehen?

Der Empfang im Klubsekretariat ist freundlich und verbindlich. Man erklärt mir, wo ich mich einzufinden habe und dass man sich auf dem Golfplatz duzen würde. Hab ich nichts dagegen. Ich frage mich nur, ob das eine billige Form der Anbiederung ist. Aber erst mal positiv denken. Eine halbe Stunde habe ich noch. Ich nutze die Zeit, mir das Areal anzusehen. Viel Rasen ist zu sehen und eine große Wiese, vor der Matten liegen. Wie Fußabtreter, nur etwas größer. Ich setze mich auf die Terrasse der Klubrestauration. Ich bin alleine. Der Wirt kommt locker angeschlendert und fragt mich nach meinen Wünschen.

»Ich möchte nur einen Espresso. Ich soll gleich noch Golf spielen.«

»›Sollen‹ würde ich streichen«, sagt der Wirt, der sich launig als »Baki« vorstellt. »Ich wäre froh, wenn ich die Zeit dazu hätte.« Ist ja mal 'ne Aussage.

Nach dem Espresso begebe ich mich zu der Wiese mit den großen Matten. Ich schaue mich unsicher um. Keine Mitstreiter zu sehen.

Ein junger, noch nicht mal 30-jähriger Schlaks kommt auf mich zu. Bewaffnet ist er mit drei Golfschlägern und einem Plastikeimer, gefüllt mit Golfbällen. Sebastian stellt sich als Trainer vor und fragt nach meinen Vorerfahrungen mit dem Golfspiel. Tapfer antworte ich: »Null.« Seine Antwort, das sei kein Problem, nehme ich ihm nicht ganz ab. Ob ich denn andere Ballsportarten betrieben habe.

»Squash, Basketball, Handball, Tischtennis und Volleyball.«

»Das ist ja fabelhaft!«, sagt er.

Sebastian drückt mir einen Schläger in die Hand und zeigt mir, wie ich den anfassen soll. Er legt einen Ball auf die Matte und stellt mich seitwärts zum Ball. Ich soll erst mal locker den Schläger schwingen, ohne den Ball treffen zu wollen. Eine Ausholbewegung wie beim Minigolf sei nicht zielführend. Ruhig etwas weiter ausholen. Nach ein paar lockeren Schwüngen kommt der Ball ins Spiel. Ich konzentriere mich, hole aus und schlage. Ich treffe die weiße Kugel, und sie fliegt und fliegt. Die auf der Wiese angebrachte Entfernungsmarkierung zeigt an: fast 100 Meter. Das Glücksgefühl ist unbeschreiblich. Warum nur? Nur, weil so eine blöde weiße Kugel fliegt. Mein Blick geht zum Trainer. Sein unberührter Ausdruck verstört mich. »Das war ja toll. Nun geht's weiter.« Er legt den nächsten Ball hin. Ich schwinge und schlage. Der Ball bewegt sich nicht einen Zentimeter von der Matte. Der Treffmoment sei nur minimal etwas zu hoch gewesen, teilt mir der Trainer mit. Vielleicht mal den Blick auf dem Ball lassen und nicht versuchen, dem Ball hinterherzugucken. Beim nächsten Schlag ist der Kopf unten. Ich hacke in die Matte. Der Ball liegt. So geht das Drama weiter. Zu meinen Gunsten muss ich sagen, dass in den nächsten 40 Minuten auch Treffer dabei sind. Manchmal humpelt der Ball 15 Meter über die Wiese.

Der Trainer verabschiedet sich mit aufmunternden Worten. Man sähe sich ja morgen beim »Kennenlern-Golfen« wieder.

Zu Hause fragt die Gattin, die vermutlich die freie Zeit ohne mich genossen hat, hoffnungsfroh: »Na, hat's Spaß gemacht?« – »Eigentlich geil, aber ich weiß nicht …«

»Dann geh doch zum Kegeln«, sagt sie.
Aber das meint sie wohl nicht ganz ernst.
Und was sagt uns das?
Der Ruheständler sollte vieles ausprobieren, aber nicht zu schnell aufgeben.

4

Wie die Konsequenzen eines vergammelten Tages aussehen

Es gibt so Tage im Leben eines Ruheständlers, da will er einfach nicht aufstehen. Der Morgen ist dunkelgrau, und der Regen schlägt gegen die Fenster. Ich habe heute nichts Besonderes vor, und das, was erledigt werden müsste, kann warten. Ob die Frau mir wohl das Frühstück und die Tageszeitung ans Bett bringen würde? Sie macht es. Sie ist eben die beste aller Ehefrauen.

»Lass mich bitte liegen. Ich bin für den heutigen Tag kein guter Gesprächspartner. Ich würde nur dummes, unausgegorenes Zeug reden und dir mit meiner schlechten Laune den Tag vermiesen.«

»Wo ist denn da der Unterschied zu sonst?«, fragt sie lächelnd.

Da kommen mir wieder Zweifel, ob sie wirklich die beste aller Ehefrauen ist.

Ich wende mich dem täglichen Kreuzworträtsel der Tageszeitung zu: griechische Schicksalsgöttin mit fünf Buchstaben, Anfangsbuchstabe M. Ja, meine Güte, was soll das denn sein? Die Kreuzworthilfe auf dem Laptop bietet *Moira* an. Na toll, wieder was dazugelernt. Könnte ja sein, dass ich das später mal in einem Gespräch anwenden kann. Wenn jemand nach griechischen Schicksalsgöttinnen fragt, dann kann ich antworten: zum Beispiel Moira. Das wird Eindruck machen, und für meine Profilierung wäre wieder etwas getan.

Dann falle ich wieder in einen Halbdämmerschlaf. Das Hundegebell des Nachbarn reißt mich jäh aus meinen Träumen. Ich wende mich wieder meinem Laptop zu und rufe Spiele auf: zuerst »Spider Solitär«, wo man Spielkarten vom König runtersortieren muss bis zum Ass. Das ist für den heutigen Tag schwer genug, und es will am Ende partout nicht aufgehen. Dann vielleicht mal »Hearts« versuchen. Da muss man gegen West, Nord und Ost spielen. Und auf keinen Fall die schwarze Dame einfangen. Da gibt es dann 13 Punkte, oder man spielt so, dass man alle Karten kriegt. Dann hat man null Punkte, und die Gegner kriegen alle 26 Punkte. Das Spiel ist dann zu Ende, wenn eine Partei 100 Punkte erreicht hat. Damit kann man locker drei Stunden füllen, ohne dass man es merkt. Ich rufe nach meiner Frau, um ihr zu sagen, dass ich heute Mittag nichts essen will.

»Wer nichts tut, hat auch kein Essen verdient.«

Sie bringt mir trotzdem Spaghetti bolognese. Na, wenn das man gutgeht.

Mit der Fernbedienung vom Bett aus den Fernseher einschalten. Das Nachmittagsprogramm bringt eine Live-Übertragung von der Tour de France. Ein Fahrerpulk von 100 Leuten fährt dicht an dicht über aufgeweichte Teerstraßen seinem Etappenziel entgegen. Der Reporter erzählt, dass der Zuschauer, der jetzt erst eingeschaltet hat, noch nichts verpasst hat.

»Das Hauptfeld ist noch dicht zusammen und der Ausreißversuch von Matteo Tosatto ist nicht gelungen. Der ist schon 41 Jahre und somit der älteste Fahrer der Tour. Das Durchschnittsalter der Fahrer liegt bei 29 Jahren.

Heute geht die Etappe durch das wunderschöne Loiretal. Hier sieht man, vom Kameramann sehr schön eingefangen, das wunderschöne Lustschloss vom Sonnenkönig Ludwig, der es im 17. Jahrhundert hat erbauen lassen.«

Wie heißt es noch mal? Wird mir später einfallen. Oder ich muss meine Frau fragen. Die weiß so etwas.

Der Kommentator beschränkt sich nicht nur auf den Sport, sondern erzählt allerlei Wissenswertes.

»Wenn Sie mal in dieser Gegend sein sollten, probieren Sie unbedingt den Weißwein *Saget Sancerre Les Vignolles*. Der ist elegant, schlank und schön knackig im Geschmack.

Im Feld tut sich im Moment immer noch nichts. Die Fahrer beobachten sich. Noch 100 Kilometer bis zum Etappenziel. In gut zwei Stunden wissen wir dann mehr. Ich gebe jetzt erst einmal ab nach Hamburg zur *Tagesschau*. Zur Schlussphase der Etappe melde ich mich dann wieder original vom Etappenziel aus Frankreich. Bis dahin: Salut! Und Adieu!«

Am Ende gewinnt André Greipel im Spurt.

Sein Resümee: »Ich bin eben ein Fischkopp. Ich stecke so was weg.«

Komisch, versteh ich nicht, was steckt er weg?

Über solche Gedanken dümpel ich wieder in einen Halbschlaf.

Es geht auf den frühen Abend zu. Die Frau hat Schnittchen gemacht. Nach der *Tagesschau* läuft der Film *Good morning, Vietnam* mit Robin Williams. Nur bedingt unterhaltsam. Eben auch schon von 1987. Darüber falle ich wieder in einen oberflächlichen Schlaf. Als meine Frau ins Bett kommt, bin ich wieder wach.

Das bleibe ich dann die ganze Nacht über.

Und was sagt uns das?

Wer den Tag vergammelt, muss mit den Konsequenzen leben.

5

Wie man auch im Scheitern seine Visionen behält

Die Morgenstund' soll ja Gold im Mund haben. Sagt der Volksmund. Der wollte wohl darauf abheben: Mensch, komm in Gang. Es gibt viel zu tun, los, steh auf. Mach was. Pack es an.

Für mich als Ruheständler stellt sich die Aufforderung so nicht. Wenn ich die Morgenstund' bis zum Mittag verschlafe, krieg ich auch so mein Gold oder Geld. Kein Wecker treibt mich fremdbestimmt aus den Federn. Es sei denn, ich spüre einen inneren Drang, mich zu nachtschlafender Zeit aus meinem Bett zu hieven und meine Fotoausrüstung zusammenzusammeln. Was treibt mich? Die Unruhe und der Ehrgeiz, heute Morgen das ultimative Jahrhundertfoto zu machen. Das wird in der *Geo* als Titelbild erscheinen. Das Bild, das auch die *National Geographic* und *Wild und Hund* haben wollen. Ja, heute Morgen ist die Zeit dafür.

Schön, so früh unterwegs zu sein. Kein Mensch ist zu sehen. Der Himmel färbt sich bereits und deutet den nahenden Sonnenaufgang an. Bloß, wo stelle ich mich hin, um das Foto aller Fotos zu machen? Im Mai ist es um diese Zeit von den Temperaturen her auszuhalten. Das Rapsfeld ist vom Morgentau nass. Trotzdem, da muss ich hinein und mich niederhocken und darauf warten, dass etwas passiert. Für ein gutes Foto muss man auch mal Unbequemlichkeiten ertragen.

Die Sonne geht auf. Damit war zu rechnen. Aber sonst? Nichts, nur ein Hase spitzt seine Ohren und hoppelt davon.

Plötzlich taucht ein Reh auf, das scheu in die Sonne und in das Rapsfeld blinzelt. Jetzt nur noch die Kamera heben und das Tier erlegen. Das Reh blickt mich verwundert an, als wollte es sagen: »Meine Güte, hast du nichts Besseres zu tun, als mich hier zu fotografieren? Da hau ich doch mal am besten gleich ab.« Das Reh macht sich auf die Socken, und ich mache meine Bilder.

Die permanente Unruhe in mir verschwindet. Oh, was bin ich doch für ein toller Hecht. Das sind die Fotos aller Fotos. Noch im Rapsfeld kontrolliere ich die Bilder über den Monitor der Kamera. Etwas unscharfes Braunes, das im Unterholz verschwindet, ist zu sehen. Ob das nun die Bilder des Jahrhunderts geworden sind? Ich hab so meine Zweifel. Dafür habe ich eine nasse Hose und das Bedürfnis, sie recht bald auszuziehen.

Zu Hause sitzt meine Frau schon am Frühstückstisch. Frischer Kaffeegeruch zieht durch den Raum. »Mein Gott, wie siehst du denn aus! Kann man mal erfahren, wo du warst?«

»Ich wollte das Foto des Jahrhunderts machen. Aber das Einzige, was dabei herausgekommen ist, ist meine nasse Hose.«

»Na, dann ist das ja mal wieder alles in die Hose gegangen. Macht doch nichts, trink erst mal 'nen heißen Kaffee. Beim nächsten Mal wird's besser.«

»Vielleicht sollte ich mich mal mit Makrofotografie beschäftigen. Kleinstlebewesen wie Kakerlaken oder Regenwürmer haben ja auch ihre Ästhetik und den Vorteil, sich nicht so schnell zu bewegen.«

Ja, das wäre es, und ich kann mir schon vorstellen, darüber eine Ausstellung zu machen, dazu einen Katalog zu erstellen und einen Text zu den Bildern zu schreiben.

Etwa so:

»Die Bilder erzählen von der Formschönheit des Einfachen. Spannung entsteht durch die Klarheit der fotografischen Kompositionen. Die Fotos sind eine Reportage zum Strukturalen in der Natur. Ein atemberaubender Zyklus aus Linie, Form und Farbe. Man spürt die essayistische Spannung, verdichtet durch die monochrome Farbgebung der Objekte.«

Und was sagt uns das?

Auch wer scheitert, sollte nicht seine Visionen verlieren.

6

Wie der Ruheständler das Radfahren nutzt, um in Bewegung zu kommen

»Du kannst nicht nur hier vor dem Fernseher sitzen. Du musst dich bewegen. Bewegung ist alles. Sonst kriegst du hier eines Tages noch einen Herzinfarkt, besonders dann, wenn du die Spiele vom HSV siehst«, sagt meine Frau.

Sie hat leider recht, muss ich mir eingestehen.

»Fahr doch mal Rad oder lauf! Das ist gut gegen deinen zu hohen Blutdruck!«

Die Idee finde ich gut. Der Kauf eines neuen Rades ist somit nicht zu verhindern.

Aber was für eins? Ich suche den örtlichen Händler auf. »Eins mit Akku?«, fragt der Verkäufer. »Am besten gleich zwei Akkus kaufen, dann hat man die doppelte Reichweite. Unser Akku-Fahrrad bietet Sicherheit, Leistung und Lebensdauer durch die Lithium-Nickel-Mangan-Hochleistungszellen, und das Rad ist absolut wartungsfrei. Außerdem sieht ein Außenstehender gar keinen Unterschied zum normalen Rad. Da können Sie die Jungspunde mit ihren Super-Rennrädern mal locker am Berg abhängen!«

Nee, nee, ein bisschen anstrengender sollte es schon sein, sonst kann man ja auch Auto fahren. Keine Entspannung ohne vorherige Anspannung, erst Frust, dann Lust. So ist das nun mal im Leben, daran kommt auch ein Ruheständler wie ich nicht vorbei. »Was haben Sie denn noch so in Ihrem Angebot?«

Am Ende entscheide ich mich für ein Trekkingrad, robust, ermöglicht zügiges Vorankommen und bietet dennoch Komfort. Gepäckträger muss auch sein, denn Gepäcktaschen müssen angehängt werden können.

Nach ein paar Proberunden um meinen heimatlichen Block entschließe ich mich, mit dem Rad England zu erkunden. Aber alleine finde ich das zu langweilig. Da müssen die Freunde vom Stammtisch herhalten, denn ich muss mich austauschen über das, was ich gerade sehe und erlebe.

Und am Abend möchte ich ja noch meinen Freunden erzählen, wie man sein Leben im Ruhestand in den Griff kriegt. So lassen sich vier meiner Stammtischfreunde darauf ein, mit nach England zu fahren.

Es geht in die Yorkshire Dales, wo die Landschaft herb ist und nur Schafe auf den kargen Feldern überleben können. Die Räder werden für den Flug verpackt, und so geht es nach Manchester. Dort angekommen, schwingen sich 280 Jahre Erfahrung in die Sättel. Und da es schon später Nachmittag ist, muss gleich ein Quartier gefunden werden. Ist doch irgendwie beruhigender zu wissen, wo ich die nächste Nacht verbringe und mein mühselig angelerntes Englisch anwenden darf. Es stört mich auch nicht, wenn ich aufgrund meiner Aussprache und korrekten Grammatik sofort als »Bloody German« erkannt werde. Ein freundlicher alter Mann auf der Straße empfiehlt als Quartier für die Nacht das »Husband Bunk Barn«, »two miles« außerhalb des Ortes.

Ein Farmer mit nur wenigen Zähnen und »muddy boots« bietet für die Nacht seinen Stall an, der nach Teer und Kuhscheiße riecht. Pferdedecken liegen in einer Ecke, daneben Matratzen, und es gibt einen Fernseher. In den Nachrichten wird erzählt, dass man irgendwo auf der Welt künstlich ein schwarzes Loch erzeugen will.

Nun kann der Rentner selig einschlafen und von den zu erwartenden Abenteuern träumen, wenn er nicht die drei Guinness zuvor getrunken hätte, die ihn zweimal in der Nacht hochtreiben. Das sind nun mal die Unbequemlichkeiten, die man auf sich nehmen muss.

Am anderen Tag jagen der Wind und der Regen die Radfahrgruppe durch die triste Landschaft. In einem Dorfladen hängt die Nachricht des Tages für Yorkshire aus: »Cardriver ploughs into a flock of sheep!« Spätestens jetzt stelle ich mir die Frage, warum ich das alles auf mich nehme. Eine Antwort habe ich nicht.

Wieder zu Hause angekommen, fragt meine Gattin:
»So, und wie war die Reise?«
»Gut!«
»Und wie habt ihr euch so verstanden?«
»Auch guhut!«
»Meine Güte, nun lass dir doch nicht alles aus der Nase ziehen.«

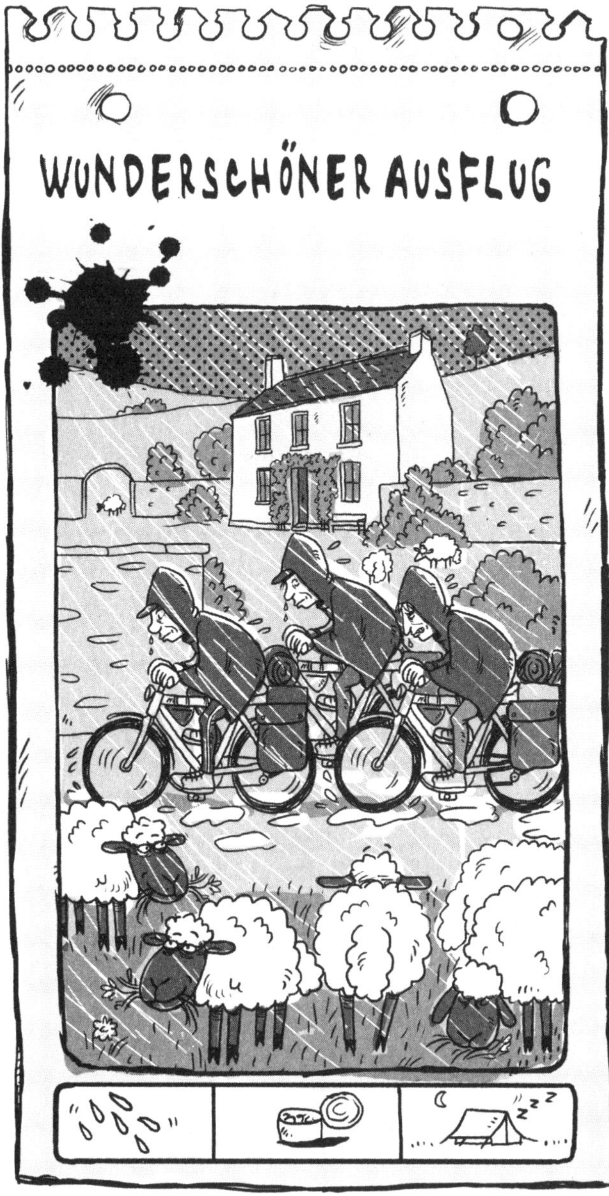

WUNDERSCHÖNER AUSFLUG

Ja, meine Güte, was soll ich auch erzählen. Ich muss das alles erst einmal verarbeiten und mir genau überlegen, ob es nicht zu Hause auf der Couch doch besser gewesen wäre.

Zumindest der Blutdruckmesser zeigt endlich wieder normale Werte an.

Na, das ist doch was.

Und was sagt uns das?

Manchmal muss man verreisen, um in Bewegung zu kommen.

7

Wie man Talkshows auch sehen kann

Auch als Ruheständler ist man verpflichtet, sich seine Meinung zu allen Dingen auf der Welt zu bilden. Ich will doch mitreden, will bei Diskussionen im Freundeskreis nicht nur dabeisitzen und den Wein des Gastgebers wegtrinken. Das wäre mir zu wenig.

Zur Meinungsbildung ist das Fernsehen gut geeignet, besonders die Talkshows. Diesmal geht es um die neue Bildungskatastrophe.

Ein Professor sorgt sich darüber, dass die klassische deutsche Sprache stirbt.

Seine These: »Die heutige Jugend ist nicht mehr in der Lage, einfachste Texte zu verstehen, geschweige denn zu schreiben. Sie benutzen nur noch Sätze mit fünf Wörtern, nutzen nur noch die Verben ›gehen, machen, tun, haben‹. Dafür kennen sie Begriffe nicht wie: ›bearbeiten, aneignen, bewerkstelligen oder schlendern‹.«

Mein Blutdruck beginnt langsam zu steigen.

Der Professor spricht weiter. »Sie benutzen Anglizismen wie: ›chatten‹ für ›plaudern‹, ›cornern‹ für ›rumlungern‹ oder ›chillaxen‹ für ›entspannen‹. Sie verwässern damit die schöne deutsche Sprache.«

Ich merke, wie ich mich auf die Seite der Jugendlichen schlage.

»Ist doch echt krass, mördergeil, hat doch Sprachwitz, ist doch kreativ. Sprache ist eben ein lebendiges Ding, das ständig neuen Einflüssen ausgesetzt ist. Gut so, sonst würden wir heute noch mittelhochdeutsch reden. Goethe oder Heine, ja das waren noch Zeiten, o Gott wie toll, die brauchten noch durchschnittlich 36 Wörter pro Satz. Die hatten ja auch Zeit. Heute muss das erste Ziel sein: Sag, was du willst, drück dich klar und präzise aus, und ansonsten halte die Schnauze. Und das ist auch gut so. Ich glaub, ich krieg 'nen Tinnitus«, sage ich zu meiner Frau.

»Was kriegst du? Einen Tinnitus? Wieso das denn?«

»Das ist ja nun ein kluger Mensch. Und der redet einfach nur Blech. Das halten meine Ohren nicht aus.«

»Ja, mein Schatz. Du bist ja so klug. Hör doch dem Herrn Professor einfach nur zu, vielleicht ist da ja mehr dran, als du denkst! Wahrscheinlich würde der Professor von deiner Meinung 'nen dreifachen Tinnitus und 'nen Herzinfarkt dazu kriegen«, sagt sie.

»Nein, das mache ich jetzt nicht mehr. Der hat mich schon viel zu lange mit seinem elaborierten Sprachcode zugelabert. Was bildet der sich eigentlich ein? Der hatte ja auch im Vergleich zur Jugend eine Ewigkeit länger Zeit, sich der deutschen Sprache zu nähern. Und was ist mit den normalen Erwachsenen? Das ist doch die eigentliche Bildungskatastrophe. Die benutzen von den circa 350.000 deutschen Wörtern durchschnittlich 2000. Was ist mit den 348.000 anderen Wörtern? Das ist doch ein Armutszeugnis.

Die Jugend kann immerhin noch dazulernen. Nee, nee, die deutsche Sprache verkommt nicht immer mehr, sie wird durch die Sprache der Jugend bereichert.«

»Warum gehst du eigentlich nicht mal zu so einer Talkshow«, sagt meine Frau.

»Lass mich doch bitte damit in Ruhe! Auf mich hört ja doch keiner. Ich ›merkel‹ jetzt.«

»Bitte was tust du?«

»Ich tue nichts mehr und sage auch nichts mehr dazu. Schluss, aus, fertig, Ende.«

Und was sagt uns das? Ruheständler mit Bluthochdruck sollten Fernsehsendungen meiden, bei denen sie sich aufregen könnten.

8

Wie Singen auch ohne Chor beglücken kann

»Ich will mal meine verkümmerten Talente als Sänger ausbauen. Was hältst du davon?«, frage ich meine Frau.

»Na, wenn du meinst. Bis jetzt bist du mir eher in dieser Beziehung als talentfrei aufgefallen.«

»Ja, mein Gott! Unterstütz mich doch mal, wenn ich neue Wege in meinem Alter gehen will.«

»Wie willst du das denn machen? Willst du dich in einer Musikschule ausbilden lassen?«

Und nach einer Pause sagt sie: »Was soll das in deinem Alter bringen?«

» Quatsch, ich will in keine Musikschule, ich will in einem Chor mitsingen. Ich könnte ja bei einem Männergesangsverein mitmachen, alte Shantys singen, *Hamborger Veermaster* und so. Oder ich frag mal bei »Santiano« nach, ob die noch Verstärkung brauchen. Optisch pass ich da doch gut rein.«

»Das schmink dir mal ab. Da muss man schon richtig gut singen können!«

»Und was hältst du von einem Kirchenchor?«

»Was? Du bist doch gar nicht in der Kirche.«

»Ich muss doch nicht in der Kirche sein, um da mitzusingen. Die nehmen da sogar Ungläubige auf. Ich bin übrigens gar nicht atheistisch eingestellt, eher agnostisch.«

»Was ist das denn?«

»Ich ziehe die Existenz eines Gottes durchaus in Erwägung, halte aber den Beweis für seine Existenz für ausgesprochen schwierig. Ich hab gelesen, dass die echte Nachwuchsprobleme bei ihren Chören haben, besonders bei den Männerstimmen.«

»Dich als Nachwuchs zu bezeichnen wäre doch ein bisschen übertrieben.«

»Na, in einem Chor ist jede Stimme mehrfach besetzt. Da würde es doch gar nicht auffallen, wenn ich da mitmache.«

»Aber Falschsingen, das würde auffallen. Was hast du denn überhaupt für eine Stimmlage: Sopran, Tenor, Alt, Bass oder Bariton? Ich vermute mal Bariton.«

»Wer singt, tut etwas fürs Leben, für seine Gesundheit. Ich hab mal recherchiert. Es schützt vor Erkältungen und fördert das Immunsystem. Außerdem wirkt es antidepressiv. Nicht dass ich sage, dass ich depressiv bin, aber prophylaktisch könnte man da doch was tun. Schon in der Bibel steht, dass David, der Hirtenjunge, mit seinem Gesang den König Saul von seinen dunklen Gedanken befreit hat.«

»Seit wann liest du denn die Bibel?«

»Man muss sich eben bilden. Das hört nie auf. Im Übrigen sollen die Kopfschmerzen verschwinden, unterdrückte Gedanken werden freigelegt, und man bekommt wieder neue Energie. Das ist doch was. Oder?«

»Dazu fällt mir ein Witz ein: ›Was macht die Frau mit ihrem Arsch?‹«

»Na?«

»Sie schickt ihn zum Kirchenchor. Da hört ihn wenigstens keiner. – Ist doch komisch, oder?«

»Darüber kann ich aber nicht lachen.«

»Weißt du, was der ehemalige Kardinal Meisner mal gesagt hat?«

»Weiß ich doch nicht.«

»Kultur findet nur dann statt, wenn Gott verehrt wird. Wenn das stimmt, wieso willst du dann im Kirchenchor singen? Oder ist das deine Art, dich an Gott zu rächen?«

»Also, besonders hilfreich sind deine Überlegungen für mich nicht. Vielleicht sollte ich es erst mal bei einem Karaoke-Wettbewerb versuchen. Dann würde ich was von Freddy singen, zum Beispiel: *Heimweh*: ›So schön, schön war die Zeit, so schön, schön war die Zeit‹. Los, lass uns das mal zusammen singen. Das kennst du doch auch noch.«

Und so singen wir beide zusammen das Heimwehlied im Duett und sind für den Augenblick glücklich. Da kann ich mir den Versuch mit dem Kirchenchor ersparen und mir vielleicht so manche Schmach. Auch wenn ich es meiner Frau gerne anders bewiesen hätte.

Und was sagt uns das?

Singen befreit, auch wenn es nicht in der Kirche passiert.

9

Wie man auch im Ruhestand den Computer nutzen kann

Ganz rückständig bin ich nicht. Schon in der Anfangszeit der Computerisierung habe ich mir aus Neugier einen Bastelcomputer angeschafft. Der hatte sage und schreibe einen Speicher mit einem K-Byte. Wem das nichts sagt, der sollte wissen, dass bei heutigen PCs eine Festplatte mit dem Milliardenfachen der Standard ist. Und wenn ich bedenke, welche Mühe es bereitete, Platz für meinen Tower-PC samt Monitor und Drucker zu schaffen.

Jetzt habe ich einen Laptop, der alle meine Ansprüche erfüllt. Mit dem kann ich auch im Wohnzimmer sitzen und jederzeit ins Internet gehen.

Die Vielfältigkeit der Anwendungsmöglichkeiten verunsichert mich nur manchmal. Spielen am PC ist genauso wenig mein Ding wie Facebook oder Twitter. Dafür nutze ich das Wunderding zum Online-Banking, zum Schreiben und zum Verschicken von E-Mails. Wenn meine Kinder Bilder von ihrem Urlaub senden, bin ich froh, das Ding zu haben. Und was wäre ich ohne Wikipedia? Immer wenn mich mein arg begrenztes Wissen meine intellektuellen Grenzen spüren lässt, nutze ich diese Suchmaschine. Da habe ich sogar entdeckt, warum mein Laptop solch einen Namen hat. Eine Verballhornung des englischen Begriffs für Schoßhund: Lapdog.

Ich entdecke täglich Neues, was man mit dieser Wundermaschine noch alles anstellen könnte. Manchmal probiere ich es aus, manchmal überfordert mich die Technik, manchmal die Software, aber oft können mir die Kinder helfen.

Ich bewundere die Selbstverständlichkeit, mit der sie sich die neue Technik erobert haben. Aber ich lasse mich von meiner Unbeholfenheit nicht frustrieren. Als Ruheständler habe ich mir eine gewisse Altersweisheit erworben.

Auch wenn die Kinder drängeln, werde ich in absehbarer Zeit meinen Backofen nicht mit dem Handy steuern. Da halte ich es eher mit dem französischen Autor Marcel Pagnol, der schon vor über 40 Jahren warnte: »Hütet euch vor den Technikern! Mit der Nähmaschine fangen sie an, und mit der Atombombe hören sie auf.«

Vielleicht ist das ein wenig übertrieben, wenn ich bedenke, wie viele Ingenieure unter meinen Freunden und Bekannten sind.

Und was sagt uns das?

Auch im Alter kann man neue Technologie weise nutzen.

KAPITEL ZWEI

»ICH GLAUBE, DARIN SIND WIR UNS ALLE EINIG: DIE VERGANGENHEIT IST VORBEI«

GEORGE W. BUSH

10

Wie man zum Schreiben findet

»Was machst du denn da schon wieder?«, fragt meine Frau.

»Ich schreibe meine Memoiren – über damals, als ich jung, schön und dämlich war«, sage ich.

»Wen interessiert denn das?«

»Na, den Ruheständler, der in meinem Alter ist und sich in meinen Geschichten wiederfinden kann. Der könnte dann sagen, ja, genauso hab ich das auch erlebt, ich könnte es nur nicht so schön ausdrücken. Und dann schreiben die Leute mir Briefe, wie toll sie mein Buch finden und ob ich nicht mal zu einer Lesung vorbeikommen könnte.«

»Wie willst du denn dein Buch nennen. Vielleicht: *Aus dem Leben eines Taugenichts*«?

»Na, nun hör mal auf, außerdem ist der Titel schon von Joseph von Eichendorff besetzt.«

»Gesetzt den Fall, dass du deine Memoiren zu Ende bringst, wie stellst du dir denn bitte den weiteren Gang der Dinge vor?«

»Ich schreibe die Verlage an, und die Lektoren dort werden sofort erkennen, was das für eine literarische Perle ist.«

»Dann wirst du wohl mit dem Frust leben müssen, abgelehnt zu werden.«

»Wieso sollte mein Text denn abgelehnt werden?«

»Davon kannst du ausgehen. Was meinst du, wie viele Leute es gibt, die der Welt mitteilen wollen, was für wichtige Sachen sie zu sagen haben. Die bombardieren doch regelrecht die Verlage mit ihren Wichtigkeiten. Aber ein Verlag ist ein kommerzielles Unternehmen, die wollen Kohle machen. Die brauchen keine Ladenhüter, dann sind sie schnell weg vom Fenster. Von denen wirst du solche Antworten kriegen wie: ›Wir bedanken uns für die Zusendung Ihres Textes, den wir mit Spannung und Interesse gelesen haben. Leider können wir uns aber nicht zu einer Veröffentlichung entschließen.

Bitte haben Sie Verständnis dafür, dass wir Ihnen die Gründe im Einzelnen nicht nennen können. Mit freundlichen Grüßen.‹ Und das war's dann. Aber bitte schön. Du kannst es ja versuchen.«

»Es gibt dann ja noch Verlage, wo man das unternehmerische Risiko übernehmen muss. Also, ich bezahle alle Unkosten im Voraus und lass mir dann 3.000 Bücher drucken.«

»Du bist ja wohl wahnsinnig. Gibst Unsummen für die Veröffentlichung aus und bleibst dann auf deinen Büchern sitzen. Nur um zu sagen: ›Ich bin Schriftsteller‹ – das wäre wirklich reinste Eitelkeit. Wahrscheinlich wird nur Tante Erika Interesse zeigen. Aber sie würde dir das Buch auch nur abnehmen, wenn sie es geschenkt kriegt.«

Nach einer kurzen Pause sagt sie: »Wie stellst du dir denn bitte das Marketing vor? Wie soll denn der potenzielle Leser von deinem Buch erfahren? Wer soll davon berichten? *DER SPIEGEL* oder *DIE ZEIT* vielleicht? Selbst die Ortspresse ist nicht an solchen Themen interessiert.«

»Du wirst wohl leider recht haben. Ich weiß aber von mir, dass es mich heute ärgert, dass ich von meinen Eltern aus ihrer Jugend fast nichts weiß. Als Jugendlicher hat es mich nicht interessiert, und ich hab auch nie nachgefragt. Die Fragen kamen erst später. Zu spät. Das soll meinen Kindern und Enkelkindern nicht so gehen.«

»Ja, stimmt. Schreib weiter. Vielleicht erfahre ich ja über dich auch noch was Neues.«

Und was sagt uns das?

Ein Ruheständler sollte sich nicht scheuen, seine Lebensgeschichte aufzuschreiben.

11

Wie der Ruheständler Urlaub und Nostalgie verbindet

Meine Frau meint: »Wir sollten mal wieder Urlaub machen.«

»Wieso das denn? Als Ruheständler hat man doch immer Urlaub.«

»Du verstehst mich mal wieder nicht. Wir können zwar den ganzen Tag machen, was wir wollen, aber Urlaub ist doch was anderes, das heißt wegfahren, irgendwohin, wo uns keiner kennt, wo man die Sprache nicht versteht. Wo jeder Tag ein neues kleines Abenteuer ist.«

»Dann lass uns doch eine Nostalgiereise machen.«

»Eine was?«

»Oh mein Gott, nun stell dich nicht so blöd. Na, eine Reise, dorthin wo wir schon mal vor langer Zeit waren. In die Bretagne, nach Quiberon zum Beispiel. Das ist nun schon 40 Jahre her.«

»38!«

»Wie, 38?«

»Das ist 38 Jahre her.«

»Oh Mann, nun sei nicht so kleinkariert, das ist doch völlig egal.«

»Okay, du hast recht, das machen wir. Gute Idee!«

»Ihr wollt in die Bretagne, das ist doch da mit den Hinkelsteinen, Obelix und so, oder? Da wo Papa die Nacktfotos von Mama gemacht hat. Ja, da solltet ihr mal wieder hinfahren. Da müsst ihr dann unbedingt die Fotos von damals nachstellen«, sagt meine Tochter.

»Du hast sie wohl nicht mehr alle. Das fehlt gerade noch«, empört sich meine Frau.

Ich kann mir nicht verkneifen zu sagen: »Im Herbst kann man keine Frühlingsbilder mehr machen. Alles hat seine Zeit.«

Und so fahren wir mit dem Auto los in die Bretagne, natürlich im August, wenn alle Franzosen Urlaub machen.

Das gemietete Zimmer in Quiberon hat so viel Komfort, dass wir dort schlafen können. Ein Tisch ist vorhanden, an dem wir unser »petit déjeuner« essen können.

Ein Frühstück am Strandboulevard würde nur ein Croissant und einen »café crème« beinhalten. Der Fernseher zeigt nur französische Programme. Da mein Französisch nur aus »merci« und »bonjour« besteht, kann ich aus den Nachrichten nur erraten, dass ein »Assassin« über 30 Touristen in Tunesien erschossen hat. Am Abend läuft »Le Capitaine de Köpenick« mit Heinz Rühmann. Ich wusste gar nicht, dass der so gut französisch sprechen konnte.

»Lass uns mal an die Côte Sauvage, weißt du, wo wir damals fast nicht mehr an Land gekommen sind!«

»Na logo weiß ich das. Das werde ich wohl nie vergessen. Träum ich ja noch heute von. So was will ich jetzt aber nicht wieder erleben. Darauf kann ich gut verzichten.«

»Das größere Problem wird wohl sein, den Strand wiederzufinden.«

Und in der Tat, das Finden des Strandes wird schwer.

Meine Frau holt die Karte raus. Die hilft auch nicht, und so muss jede Bucht abgeklappert werden.

»Ich schwör dir, das war unser Strand!«

»Meinst du?«

»Ja, glaub es mir.«

»Aber der Felsen da, der stand doch nicht so weit im Wasser. Und der war auch nicht so flach. So schnell kann das Meer den doch nicht abgeschliffen haben. Oder?«

»40 Jahre sind eben eine ganz schön lange Zeit. Da kann das Meer ordentlich was weghobeln.«

»Aber in meiner Erinnerung sah das alles ganz anders aus, irgendwie größer, schöner, wilder, und es war alles nicht so steinig.«

»Ach komm, is' doch völlig egal. Das Meer rauscht immer noch so wie damals, und dieser Strand ist schön, egal ob wir da nun mal waren oder nicht. Das Gesuche macht mich ja völlig malle. Dazu hab ich jetzt keine Lust mehr.«

»Aber das war doch gerade der Grund unserer Reise. Alte Plätze aufzusuchen, uns an frühere Zeiten zu erinnern.«

»Du kannst eben nichts im Leben zurückholen, dafür aber neue Erlebnisse haben, an die du dich später gerne erinnerst.«

»Ja, Herr Oberlehrer«, kommt die süffisante Antwort.

Vom Café am »La Place Hoche« in Quiberon kann man auf ein Denkmal sehen, das einen jungen General aus der Französischen Revolution zeigt. Er guckt grimmig, und seine langen Haare werden vom Wind wild durcheinandergewirbelt. Als ob er sich ausruhen will, stützt er sich auf seinem riesigen Säbel auf. Vielleicht ist ihm bewusst, dass seine Zeit längst vorbei ist.

Und was sagt uns das?

Nostalgiereisen lassen Erinnerungen aufleben, müssen aber nicht immer die Erwartungen erfüllen.

12

Wie das Sortieren von Erinnerungen zur Auseinandersetzung mit der eigenen Vergangenheit führt

»Na, was liegt denn heute an?«, fragt mich meine Gattin während des Frühstücks. »Das Wetter ist ja nicht so toll. Ich werde einfach mal meine Unterlagen sortieren.« Ihre leicht spitzzüngige Erwiderung, dass es ja endlich mal Zeit wäre, die Steuer- und Krankenkassenunterlagen zu sortieren, lasse ich unkommentiert. Ich habe Lust, persönliche Erinnerungen und die drei Kartons mit den Fotos zu durchforsten. Vom Boden hole ich die Kartons mit den Fotos und die Ordner mit den persönlichen Erinnerungen. Ich mache es mir am Wohnzimmertisch bequem, denn ich brauche Platz. Ich verteile die Unterlagen auf dem Tisch.

Als Erstes fallen mir die Sporturkunden in die Hand. Landesjugendmeister im Speer- und Diskuswerfen 1963. Das hatte ich zwar nicht vergessen, aber wenn man es so schwarz auf weiß sieht, kommt so etwas wie Stolz auf. Aber Schnee von gestern, denn aus der Sportkarriere ist nichts geworden. War aber eine schöne Zeit, das Reisen zu den Sportfesten.

Sogar das Heft mit den Grundschulzeugnissen habe ich aufgehoben. Was für Zensuren! Könnte ich ja mal meinen Kindern zeigen. Mein Klassenlehrer muss ein Gutmensch gewesen sein. Das Abiturzeugnis zeugt nicht von solchen omnipotenten Fähigkeiten meinerseits. Muss ich den Kindern nicht zeigen.

Der Wehrpass ist auch noch da. »Leutnant der Reserve«. Der ist allerdings entwertet. Den Bescheid der Anerkennung als Kriegsdienstverweigerer habe ich samt meiner schriftlichen Begründung dazugelegt. Ich erinnere mich noch gut an die Frage der Kommission, die darüber entscheiden sollte: »Wie würden Sie sich verhalten, wenn ein Verbrecher Ihrem besten Freund ein Messer an die Kehle setzt und Sie eine Pistole in der Hand halten?«

Eine gewisse Struktur scheine ich doch in meinen Unterlagen gepflegt zu haben, denn ich entdecke meine Arbeit zum ersten Staatsexamen. Großen Anklang schien sie damals nicht gefunden zu haben, was ich aus der Zensierung mit »Ausreichend« messerscharf schließe. Das mag an der äußeren Form – meine Mutter hatte die Arbeit für mich auf einer Schreibmaschine des Jahrgangs 1954 getippt – oder an der inhaltlichen Gestaltung liegen. Für mein Selbstbewusstsein tippe ich noch bis heute auf erstere Begründung.

Irgendwann hatte ich mal wieder einen Fimmel und fing an, an jedem meiner Geburtstage eine Ausgabe der *Bild* aufzuheben. Sonst dieses Blatt nie lesend, dachte ich, dass sich ein interessantes Geschichtskolorit ergeben könnte.

Die Titelseite vom 28. Februar 1979 zeigt, für 40 Pfennig, folgende Schlagzeilen auf:

»Curd Jürgens kauft sich neues Gesicht« Unter dem Bild von Curd Jürgens, das grobkörnig abgelichtet ist – damals gab es noch keine PC-veredelten Körper –, wird kommentiert: »Tränensäcke und Falten weg: So möchte Curd Jürgens nach dem Liften aussehen.«

»National-Elf faul, Prämien streichen«

»Da ist sie: Die Pille für den Mann. Chinesische Forscher haben die Pille für den Mann entwickelt.«

Die linke Seite ziert ein Foto einer jungen Dame in einer Wiese sitzend. Sie ist, im Gegensatz zu heute, bekleidet mit einem kurzen Sommerkleidchen. Die Brustwarzen drücken sich gut erkennbar durch den Stoff. Böse, der sich Schlechtes bei der Überschrift denkt:

»Erste Knospen und erster Storch.«

Sieben Jahre später, am 28. Februar 1986, lauten die Titelzeilen:

»Tollkühne DDR-Flucht. Mit Eisscholle durch die Elbe.«

»Dollar unter 2 Mark – was billiger wird.« Im Innenteil wird erläutert, dass die Bauzinsen auf sieben Prozent sinken könnten.

»Boris. Wieder Sieg und Tennisschule für 2.000 Kinder«

Ich beschließe, dass meine Idee mit dem Zeitkolorit nicht so schlecht war. Die Zeitungen werden nicht weggeworfen. Sollen sich doch einmal die Kinder totlachen, wenn sie die in 20 Jahren entdecken.

Meine Gattin verabschiedet sich zum Joggen. Ich solle daran denken, dass wir erst abends essen. Das kommt mir gut zupass, denn ich habe mich in der Zeit verloren. Ein angenehmes Gefühl im Ruhestand.

Ich widme mich den drei Kartons mit den Fotografien. Eigentlich bin ich ein Fotosammler der alten Sorte. Ich liebe die Abbilder auf Papier. Die werden in Alben gesammelt. Seit ungefähr zehn Jahren fotografiere natürlich auch ich digital. Aber die Ablage gleitet mir ständig aus den Händen. Bei der Speicherung auf der Festplatte, der DVD oder dem USB-Stick geht mir ständig der Überblick verloren. Bei der traditionellen Zusammenstellung des Jahreskalenders ist es für mich eine Heidenarbeit, die entsprechenden Fotos zu finden. Wie schön ist es dagegen, in Stunden der Muße in einem der Fotoalben zu blättern.

Die drei Kartons sind gefüllt mit Lichtbildern aus der Zeit, bevor ich die Disziplin besaß, die Fotos zeitnah in Alben zu kleben. Das lässt sich ja nachholen. Ich öffne den ersten Karton.

Als Erstes fallen mir zwei Schwarz-Weiß-Fotos in die Hand, denn sie sind nicht glatt geschnitten, sondern haben einen gezackten Rand und nur eine Größe von 6 x 9 Zentimetern. Meine Mutter und Tante Charlotte blicken mir entgegen. Beide haben neckische Papierhütchen auf und lachen mit dem Sektglas in der Hand in die Kamera. Das muss Silvester 1956 gewesen sein, denn auf dem zweiten Bild haben die beiden mich als Achtjährigen in die Mitte genommen. Ich erinnere mich an die Jacke. Von meiner Mutter gestrickt. Die Zeit fand sie auch noch, obwohl sie alleinerziehend zwei Jungen großziehen musste. Damit sie uns ernähren, das Schulgeld bezahlen und für uns da sein konnte, arbeitete sie, als gelernte Bankkauffrau, von sechs bis neun Uhr morgens als Putzfrau bei der Dresdner Bank. Dadurch musste ich natürlich alleine aufstehen, alleine frühstücken und im Winter den Kohleofen bestücken, denn mein drei Jahre jüngerer Bruder sollte es warm haben.

Ich merke, dass ich mich in Erinnerungen verliere und meiner mir selbst gestellten Aufgabe nicht gerecht werde. Ich greife mir das nächste Foto. Wieder schwarz-weiß, aber im DIN-A5-Format. Ein schmales, kantiges Gesicht schaut mich an. Eine Uniformmütze und die entsprechende hellgraue Jacke prägen das Bild. Ich staune über mich als Oberfähnrich einer Panzerdivision. So jung und schon Befehlsgewalt. Mein Gott, bin ich naiv gewesen! Wahnsinn!

Die Zeit vergeht und noch ist nicht ein Foto in das bereitgelegte Album eingeklebt worden. Meine Gattin, das Wohnzimmer betretend, schaut mit ihrem speziellen Augenaufschlag auf das Chaos auf dem Wohnzimmertisch. Meinen Einwurf, das müsse erst mal so bleiben, lässt sie gelten und bringt mir ein Glas Wein und setzt sich neben mich. Es gelingt mir zwar nicht, eine Struktur in die Sammlung zu bringen, aber ich fange an, stundenlang meiner Gattin über die Hintergründe der Fotos zu erzählen.

Dass wir den *Tatort* sehen wollten, wird vergessen. Nach dem ersten Karton und meinem dritten Glas Wein gehen wir zu Bett.

Und was sagt uns das?

Das Sortieren von Erinnerungsstücken eröffnet die Möglichkeit, sich mit seiner Vergangenheit auseinanderzusetzen.

13

Wie man verhindert, dass Pläne nur vom Kopf bestimmt werden

»Weißt du noch, auf der Biennale in Venedig, da waren ja beeindruckende Sachen. Aber einiges war ja auch merkwürdig, wo man so denkt, das kann ich auch?«, frage ich meine Frau.

»Na klar, weiß ich. Da waren doch die Baselitz-Bilder, der Typ, der seine Bilder immer auf dem Kopf malt. Und weißt du auch noch, wie das Motto der Biennale hieß?«

»Nee, keine Ahnung«, sage ich.

»›Pensa con i sensi, senti con la mente.‹ Weißt du, was das heißt? Ich kann's dir auch noch ins Englische übersetzen: ›think with the senses – feel with the mind‹.«

»Hey, hey, unterschätz mich nicht. – Denke mit den Gefühlen und fühle mit dem Verstand. Da haben wir uns doch damals schon gewundert. Wieder so ein Künstlerspruch, wo man denken soll, dass der Künstler sich dabei was gedacht hat. Übrigens, weißt du eigentlich, was ein Künstler macht, wenn er mal nicht mit dem Verstand denkt oder mit den Gefühlen fühlt?«

»Na was, jetzt kommt doch wieder so ein Blödsinn, oder?«

»Er macht eine Kunstpause.«

»Hä?«

»Das soll ein Wortspiel sein. Na egal. Jetzt wo ich Zeit habe, will ich auch mal was malen. Vielleicht wird das mein Durchbruch in der Kunstszene. Ich weiß noch, dass mein Kunstlehrer zu mir sagte, dass ich Talent hätte. Das ist zwar schon 50 Jahre her, aber man kann ja vielleicht daran anknüpfen. Was meinst du? Ich kauf mir Leinwand, Ölfarben, Pinsel und Spachtel, und los geht es.«

»Um Gottes willen! Dann stinkt hier alles nach Ölfarbe. Du saust alles ein. Und am Ende willst du dann noch, dass das Bild aufgehängt werden soll. – Was willst du überhaupt malen?«

»Ich könnte ja deine Füße zeichnen. Die finde ich immer noch schön. Und damit andere denken, das ist richtige Kunst, hänge ich das Bild auf den Kopf wie der Baselitz.«

»Dann will ich mich doch lieber vom Leben zeichnen lassen als von dir.«

»Du bist eine Banausin. Ich will dir quasi die Schönheit deiner Füße vor die Füße, vor die Augen werfen, und du willst es nicht.«

»Ach, und wenn du dann ein paar Bilder von meinen Füßen fertig hast, machst du eine Ausstellung in der Sparkasse, wo der Bürgermeister genötigt wird, sich zu deinen Werken zu äußern, und auch der Leiter der Sparkasse muss was sagen. Dann sagst du aber nicht, dass das meine Füße sind.

Wär' allerdings spannend zu hören, was sie dann erzählen. Sie könnten ja anhand der Stellung der Füße Vermutungen aufstellen, wieso die Füße auf dem Kopf stehen.«

»Nee, das ist zu banal. Vielleicht sagt er dann ja was darüber, wofür die Kunst da ist:
Dient sie der Unterhaltung?
Der Gesprächsanregung?
Ist sie zur Ablenkung und Zerstreuung da?
Oder hilft sie zur Lebensbewältigung eines Ruheständlers?«

»Ja, schön und gut, aber keiner wird das kaufen. Der normale Mensch will doch keine nackten Füße an der Wand, noch dazu auf dem Kopf. Der will was Schönes. Der braucht was für sein Wohnzimmer, Größe 100 x 120 Zentimeter. Übrigens, bei IKEA gibt es jetzt ein paar schöne Fotos auf Leinwand, kosten so was um die 60 Euro. Dann weißt du auch gleich, was die eigenen Sachen so kosten dürfen. Und am Schluss deiner Vernissage macht der Dorfreporter noch ein Bild von dir, dem Bürgermeister und dem Sparkassenleiter. Und das erscheint dann in der Regionalpresse und im Anzeigenblatt. Peinlich.«

»Nein, das seh ich nicht so.«

»Na, dann mach doch.«

Und was sagt uns das?

Nicht alle Pläne sollten kopfbestimmt entschieden werden. Manchmal einfach machen!

14

Wie man den Ruhestand im Ruhestand findet

»Wenn Sie leben, um zu arbeiten, was tun Sie, wenn Sie nicht mehr arbeiten?«

Diese schlichte Frage beantworten gar nicht so wenige Menschen damit, dass sie einfach nicht aufhören zu arbeiten. Die Begründung für diese Entscheidung liegt manchmal in ganz existenziellen Notwendigkeiten, das für das Überleben nötige Geld fehlt. Aber nicht selten wird das Berufsleben ausgedehnt, bis die Gesundheit Grenzen setzt. Da gibt es eine Vielzahl von Schauspielern, Ärzten, Freiberuflern und Selbstständigen, die nicht aufhören wollen oder können. Was treibt sie um, wenn das Geld keine Rolle mehr spielt? Vielleicht ist es einfach die sich selbst nicht eingestandene Unfähigkeit, ein Leben ohne Arbeit gestalten zu können. Vielleicht ist es aber auch ein Zeichen für ein ganz und gar selbstbestimmtes Leben. Wer hat das Recht, darüber zu bestimmen, wann ich aufhören soll zu arbeiten? Der Staat sieht das vorgeschriebene Rentenalter als Schutz für diejenigen, die genug für unsere Gemeinschaft geleistet haben. Der Selbstbestimmte hat das Recht und die Freiheit, die Altersgrenze zu ignorieren. Freiberufler haben keinen zeitlich begrenzten Entscheidungsdruck. Sie dürfen und müssen aber auch selbst bestimmen, wann der Zeitpunkt des Aufhörens gekommen ist.

Ich war nicht in dieser durchaus schwierigen Situation. Mein Zeitpunkt war mit 65 Jahren gekommen. Ich beging aber nicht den fatalen Fehler, zu glauben, dass der Ruhestand erst mit dem Eintritt in denselben beginnt. Damit meine ich nicht die finanziellen Konsequenzen. Da hatten wir uns rechtzeitig Gedanken gemacht, um unter Berücksichtigung aller Abwägbarkeiten Vorsorge zu treffen. Es würde nicht üppig sein, aber unser notwendiges Einkommen müsste gesichert sein. Nein, ich meine den Berg an Freiheit, der vor mir stand. Ich ging nicht unvorbereitet in meinen neuen Lebensabschnitt. Aber nichts ist wirklich planbar. Schon gar nicht der Ruhestand. Aber wenn es auch so scheinen sollte, da ist nicht die geringste Sehnsucht, wieder ins Berufsleben zu treten. Wenn ich von denen höre, die mit sich nichts anfangen können und deshalb eine Eisdiele eröffnen, Zeitungen austragen oder Nachhilfe geben, kann ich nur sagen, dass das für mich nicht infrage kommt. Da lass ich mich doch lieber von dem Ratgeber meiner Tageszeitung anregen, in dem er mir Vorschläge wie »Pilgerreisen machen, Bienen züchten, schreiben, studieren, restaurieren oder Tage im Kloster« anbietet. Das alles könnte ich machen, aber keiner zwingt mich dazu. Ich genieße die Freiheit, die ich jetzt habe, und die Muße, auch die Glossen und Witze meiner Tageszeitung zu lesen. Während des Berufslebens reichte das manchmal nur zum Lesen der Überschriften. Auch heute werde ich wieder fündig:

»Von George W. Bush wird berichtet, dass eines Tages seine Privatbibliothek abbrannte. Beide Bücher wurden vernichtet. Er soll sehr traurig gewesen sein, denn das eine hatte er noch nicht einmal zu Ende ausgemalt.«

Na, den kann ich meiner Gattin doch erzählen. Der ist doch wirklich witzig. Ich muss mich nur zwingen, ihn im Gedächtnis zu behalten, mich konzentrieren, um die Pointe nicht zu versauen. Dann entdecke ich noch etwas, was zur Gestaltung meines Ruhestandes passt. Viggo Mortensen, ein Hauptdarsteller in *Der Herr der Ringe,* sagte einmal:

»Was zählt, ist der Wille, nicht das Erreichen des Ziels.«

Ich finde, das ist irgendwie besser als: »Der Weg ist das Ziel.«

Und was sagt uns das?

Ratsam kann es sein, auch mal innezuhalten, um die eigene Situation zu überdenken.

15

Wie man auf Flohmärkten an Vertrautes erinnert werden kann

Für einen Ruheständler macht es Sinn, sich einmal auf einem Flohmarkt zu verlieren. Nicht, dass man wirklich was kaufen wollte. Nein, nur gucken. Und was es da alles gibt. Schön schreckliche Sachen, die man nie haben will. Um Gottes willen, nein! Lampenschirm, besser gesagt, Lampentüten, wie sie im Wohnzimmer der Eltern einmal hingen, verschnörkelte Bilderrahmen wecken Erinnerungen an die ostpreußische Dünenlandschaft, die bei Großmutter über dem Sofa die Verbundenheit zur alten Heimat signalisierte, oder auch die Spitzendeckchen, die die Kommode zierten. Bierkrüge mit Aufschrift, die an irgendein Saufgelage aus den 50er-Jahren erinnert. Schallplatten, die in der heißen Sonne nicht besser werden: Roy Black, *Ganz in Weiß*, Demis Roussos, *Good bye my love good bye*. Lakritzbonbons. Münzen aus längst vergangenen Zeiten, und dann mal wieder so richtig ungesund reinhauen – wie zu Zeiten, als Cholesterinwerte und Gourmetessen noch kein Thema waren:

Currywurst mit Pommes und Flaschenbier. Und plötzlich, irgendwo zwischen Comics und Romanen von Konsalik liegt ein Buch, genauer ein Sammelbuch für Margarinebilder. *Deutsches Denken und Schaffen*. Ich hab nicht danach gesucht. Ich hab es gefunden. Der farbige Einband zeigt eine wilde Indianerabschlachterei. Darunter ist das Porträt von Karl May zu sehen. Rechts davon ist ein Zeppelin über dem Hamburger Michel, darunter der Herr, der das erfunden hat. Unten links erschlägt der blonde Siegfried den bösen Drachen. Richard Wagner schaut sich das an. Und schließlich reitet ein Mann mit Kind auf dem Arm durch eine Landschaft, die in einem Nebelgeist endet. Das Porträt von Goethe ist dazugesetzt.

Ja, meine Güte! Das kenn ich doch auswendig, und beim Blättern durch die Seiten ist mir jedes Bild vertraut. Es ist ein tiefes Einsteigen in die früheste Jugend. Das Buch ist von dem holsteinischen Margarinehersteller Wagner und Co. ungefähr 1950 auf den Markt gebracht worden. Zur Margarine gab es Bilder, die man in das Sammelalbum einkleben sollte. Wie konnte ich das vergessen?

Damals interessierten mich nur die Bilder, heute die Auswahl der Personen und deren Darstellung im Text. Die Ordnung verläuft chronologisch. Es beginnt mit Walther von der Vogelweide (1170–1230) und endet mit Alfred Wegener (1880–1930), Expeditionsforscher. Danach gab es wohl kein »Deutsches Denken und Schaffen« mehr, oder eins, woran man sich in der Zeit eher nicht erinnern wollte.

Unter anderem wird Friedrich Krupp (1787–1826) erwähnt. Seine Nachkommen bauten die Stahlfabrik weiter aus. Eine englische Firma hatte auf der ersten Weltausstellung nach dem Ersten Weltkrieg einen Stahlblock aufgestellt und dazu geschrieben »Großer Stahlwürfel«. Das konnten die Krupp-Werke nicht auf sich sitzen lassen. Sie fertigten daraufhin einen »doppelt großen Block« an und versahen ihn mit der Aufschrift: »Kleiner Stahlwürfel«.

Carl Peters (1856–1918) zog, wie dort steht, von Negerkral zu Negerkral und schloss mit den Eingeborenenhäuptlingen Verträge über den Erwerb weiterer Landstriche ab. Er leistete Übermenschliches auf den langen Märschen unter der heißen Sonne Afrikas. 1884 erwarb er Deutsch-Ostafrika.

Ja, die Deutschen, das waren schon Teufelskerle!

Oder Matthias Claudius (1740–1815):

»*Der Mond ist aufgegangen*, wer kennt es nicht, dieses einfache und doch so unendlich schöne Gedicht von Matthias Claudius? Es strahlt Ruhe aus und fürsorgende Liebe für die Nächsten. Es ist so sanft, ein in Worte gekleidetes Gefühl. Es tröstet den Liebenden, es löst die lastende Sorge von den Bedrückten. Ein solches Lied zu schreiben, verstand nur Matthias Claudius, der Meister des schlichten Wortes. Er besang Familie und Natur in ergreifender Weise. Die gemütstiefe Beseeltheit seiner Verse verzaubert den Leser. Sie läßt das Grau des Alltags um ihn versinken und hält ihn in ihrem Bann gefangen.«

Na bitte, das ist doch was.

Gerhart Hauptmann (1852–1946) schrieb »auch Romane und Novellen, die zu den besten der deutschen Literatur gehören«.

Hallo, was ist das denn? Kann man sich nicht selbst ein Urteil bilden?

Wer entscheidet darüber, was gute, was schlechte Literatur ist? Die Redakteure der Holsteinischen Margarinewerke Wagner?

Karl Marx (1818–1883) taucht in dem Buch nicht auf. Ein Gespenst ging damals um in Europa – der Kommunismus. Das Gespenst hat sich heute nahezu aufgelöst, ist im Moment kaum noch Thema.

Was kommt nun? Andere Gespenster.

»Wie viel wollen Sie denn dafür haben?«

»Zwei Euro!«

»Okay, für einen nehm ich's mit.«

Und was sagt uns das?

Manchmal macht es Sinn, sich zu verlieren.

16

Wie sich jeder Ruheständler in Statistiken wiederfinden kann

Wie viele wir sind, wir Ruheständler, wissen wir ja. Wir repräsentieren 25 Prozent der deutschen Bevölkerung. Aber es gibt weitere interessante Zahlen über uns. Statistiken besagen, dass wir zwar nur zu 13 Prozent an Unfällen beteiligt sind, aber mit 56 Prozent die Hauptverursacher derselben sind. Leider wird diese Zahl noch getoppt, was die Anzahl der getöteten Radfahrer unserer Altersklasse betrifft. Wer wen aus welchen Gründen hingemordet hat wird dabei nicht erläutert.

Dass fast 8.000.000 von uns alleinstehend leben, ob aus freien Stücken oder gezwungenermaßen, bleibt eine beachtliche Zahl. Damit lebt jeder zehnte Bundesbürger ohne Partner.

15 Prozent von uns sind noch erwerbstätig, gleichzeitig ist die gleiche Anzahl von Armut betroffen. Da fragt man sich doch, wie die Zahlen aussähen, wenn die Ersteren wirklich ihrem wohlverdienten Ruhestand nachgingen.

24 Prozent von uns haben schwerwiegende gesundheitliche Gebrechen, aber immerhin haben fast 86 Prozent von uns ein Mobiltelefon. Das schafft doch Sicherheit, wenn im Notfall die 110 angerufen werden muss.

Aber immerhin nutzen von uns 45 Prozent das Internet. Was dort angeklickt wird, sei dahingestellt. Mit dieser Zahl dokumentiert die Hälfte der Ruheständler, dass sie mit der Technologie Schritt halten wollen.

Und was sagt uns das?

Zahlen sind Schall und Rauch. Jeder einzelne Ruheständler weiß genau, wo er sich einzuordnen hat.

KAPITEL DREI

DIE ERFAHRUNG KÖNNTE DIE BESTE LEHRERIN SEIN, WENN DIE SCHÜLER NICHT SO UNAUFMERKSAM WÄREN

17

Wie man einen Arztbesuch auch erleben kann

Ein Ruheständler muss auf seine Gesundheit achten, will er denn vom Ruhestand noch was haben. Also, was machen? Ja, Sport, Golf und so weiter, bringt den Kreislauf in Gang, ist gut für den Blutdruck, keinen Alkohol, Tabak und wenn es geht, keine Tabletten. Na toll! Wissen wir doch.

Gut wäre es daher, wenn ich den Ist-Zustand meines Körpers testen lasse, um daraus meine weiteren Schlüsse zu ziehen. Da ist ein Termin beim Arzt hilfreich. Aber wann? Immer kommt etwas dazwischen.

Des Schicksals Fügung kommt durch den Anruf der Sekretärin meines Hausarztes.

»Sie sind schon über zwei Jahre nicht mehr bei uns zur Vorsorge gewesen. Ich würde Ihnen dringend dazu raten. Es ist schließlich nur in Ihrem Interesse. Wann haben Sie denn Zeit?«

»Ja, ich weiß nicht.«

»Wie ist es denn mit morgen früh?«

»Wenn Sie meinen.«

»Also, dann notier ich mal morgen um acht Uhr. Kommen Sie bitte nüchtern.«

Was für eine Forderung. Wer hat um acht Uhr morgens noch Alkohol im Blut.

»Wie meinen Sie das?«

»Sie sollten noch nichts gegessen und getrunken haben. Wir werden Blutproben nehmen. Da brauchen wir unverfälschte Werte.«

Mit mulmigem Gefühl lege ich auf. Auf was habe ich mich da wieder eingelassen. Ein altes Sprichwort lautet: Du kannst alles untersuchen lassen, nur nicht deinen IQ und deine Leberwerte.

Am nächsten Tag sitze ich um 8.00 Uhr im Warteraum, in dem weitere Geister sitzen, die entweder in den drei Wochen alten Illustrierten blättern oder einfach nur an die Wand starren, wo Kunstdrucke vom Impressionisten Claude Monet hängen. Das ist der, der immer nur Seerosen gemalt hat. Oh, wie schön.

Eine attraktive Arzthelferin tritt in den Warteraum. Auf ihrem Namensschild steht: »Daphne«.

Ich werde aufgerufen.

Sie leitet mich in einen Behandlungsraum, wo sie mir Blut abzapft. Eine Ampulle nach der anderen.

»Mir wird ganz schwindelig«, sage ich kraftlos.

»Dann legen Sie doch Ihren Kopf auf den Tisch«, sagt sie.

»Das ist ja hier wie bei dem Grafen aus Transsilvanien, dem Dracula.«

»Drücken Sie bitte mit dem Wattebausch kräftig auf den Einstich, sonst bleibt ein blauer Fleck zurück.«

Als ich wieder zur Besinnung komme, will ich aber doch ein bisschen Small Talk mit ihr machen und frage sie, ob sie den Film *Manche mögen's heiß* kennt.

»Nein, was soll das für ein Film sein?«

Enttäuscht über so viel Unwissen, erkläre ich ihr, dass das ein Film aus dem letzten Jahrhundert ist. Der ist von Billy Wilder. In dem spielen Marilyn Monroe, Tony Curtis und Jack Lemmon mit. Da müssen sich die beiden Männer als Frauen verkleiden. Und Jack Lemmon nennt sich Daphne und beschwert sich ständig darüber, wie Frauen in Röcken das bloß aushalten. Immer dieser Zug von unten. – Das ist doch komisch, diese Namensgleichheit, oder?«

»Wie, welche Namensgleichheit?«

»Na, Sie heißen doch auch Daphne wie Jack Lemmon im Film.«

Sie zuckt mit den Schultern. Es interessiert sie nicht. Sie muss ja schließlich arbeiten. Aber irgendwas hab ich dann doch in ihr ausgelöst.

»Einen Marilyn kenn ich. Das ist dieser Typ mit den merkwürdigen Augen. Der macht doch so abgefahrene Musik, Punkrock. Ja, jetzt weiß ich wieder, Marilyn Manson heißt der«, sagt sie.

Nun muss ich mich auf eine Liege legen. Sie will meinen Blutdruck im Ruhestand messen. Warum muss ich mich hinlegen? Ich bin doch im Ruhestand. Sie meint es wohl anders. Blutdruck im Ruhestand ist ja gut, aber wie soll das gehen, wenn man von einer ungebildeten, ignoranten, hübschen jungen Frau untersucht wird?

»Oh, der ist ja viel zu hoch. Aber das wird der Arzt ja dann noch mit Ihnen zu besprechen haben. Lassen Sie sich für die nächste Woche einen Termin geben und bringen Sie dazu eine Urin- und Stuhlprobe mit.«

Beim Rausgehen denke ich: Daphne ist wirklich ein bescheuerter Name.

Und was sagt uns das?

Es ist sinnvoll, sich regelmäßig untersuchen zu lassen, auch wenn die Umstände den Blutdruck in die Höhe treiben.

18

Wie ein Stammtisch zum Fixpunkt in der Woche wird

Bestimmte Rituale, die den Tag, die Woche, den Monat oder das Jahr im Ablauf bestimmen, werden von vielen unterschätzt. Auch sie helfen, bewusst die Zeit zu leben. In jungen Jahren empfindet man sie als Einengung. Je älter man wird, desto mehr weiß man ihren Wert zu schätzen. Jetzt, im Ruhestand, freue ich mich mehr denn je auf den Dienstagabend. Stammtisch.

Ein Stammtisch benötigt bekanntermaßen nichts weiter als eine Gruppe Gleichgesinnter und einen Ort, an dem man sich trifft. »Gleichgesinnt« trifft in unserem Falle vielleicht nur eingeschränkt zu, denn wir sind ein zufällig zusammengewürfelter Haufen. Das Gleichgesinnte bezieht sich eigentlich nur auf den Termin und dass wir an unserem Stammtisch sitzen. Das aber immerhin schon seit über 20 Jahren. Der Ort ist über die Jahrzehnte der gleiche geblieben. Ab 18.00 Uhr trifft man sich im »Philoxenia«. Unsere Gruppe ist nicht groß. Zu viele würden die Kommunikation, die manchmal nicht die einfachste ist, nur verkomplizieren. Trotz häufig kontroverser Diskussionen und Frotzeleien genießen wir das Beisammensein, das ständig wechselnde 3-Gänge-Menü und natürlich die entsprechenden Getränke. Wir, das sind Amelie, die einzige Frau in der Runde, Schulle, das Genie vom Baustoffhandel, Werner, der Ex-Bürgermeister, Diedel, Ex-Lehrer, Maler und Literat, Hermann, auch Ex-Lehrer und passionierter Orgelspieler, Christos, Grieche und Inhaber der Restauration, und ich, ehemaliger Schulleiter und Golfspieler. Hermann ist der Senior des Stammtischs. Schon über 80, ist es erstaunlich, wie lange er es mit uns aushält.

Jeder Dienstagabend ist deshalb spannend, weil man nicht weiß, wie sich die Gespräche entwickeln. Nachdem der Rosé oder die Weinschorle serviert wurden, lassen wir die vergangene Woche Revue passieren. Hermann war mit seiner Frau auf Usedom und schwärmt. Schulle nölt rum, weil ihm ein großer Auftrag durch die Lappen gegangen ist. Das hat ihn aber nicht davon abgehalten, zweimal ins Kino zu gehen und drei Konzerte zu besuchen. Vor allem der Film *Für immer Adaline* hat es ihm angetan. Er hebt an, die Story des Films zu erzählen. Unsensibel, wie ich bin, unterbreche ich ihn, weil es mir ja reichen würde, wenn er mich mit seiner Schwärmerei heiß auf den Film machen würde. Aber seine detaillierten Schilderungen jeder Szene? Was für ein Gedächtnis! Da brauch ich mir den Film ja gar nicht mehr anzusehen. Amelie jammert über die gefallenen Aktienkurse. Christos ärgert sich über die deutschen Behörden. Noch immer hat er keine Erlaubnis für die so ersehnte Markise über der Terrasse. Werner hat nicht zu klagen, fragt sich aber doch, wie es weitergeht mit der Schwiegermutter, die er und seine Frau jetzt seit zwei Jahren zu Hause beherbergen. Diedel gibt erst mal nichts von sich preis, bis er auf einen Artikel in der Regionalzeitung angesprochen wird. Ja, das stimme schon, dass sein letztes Buch in der Bestsellerliste ziemlich weit oben gelandet sei. Ich weiß nur zu berichten, mit welcher Spannung ich das Politik-Studium meiner Tochter verfolge und dass mein Sohn gleich nach der Uni einen gut bezahlten Job in Zürich angenommen habe. Das motiviert Schulle zu der für mich finanziell folgenreichen Feststellung: »Dann zahlt ihr ja keinen Unterhalt mehr. Das ist ja wohl 'ne Flasche Rotwein wert!« Kein Widerspruch in der Runde.

Nach der Vorspeise, einem köstlichen Tiropidakia, wird die nächste Runde eingeleitet. Was hat man heute in der Tagespresse gelesen, was lief gestern im Fernsehen. »Wer hat gestern *Wer wird Millionär?* gesehen?« Bei der Meinung über die arrogante Kandidatin, die schon bei 300 Euro ausgeschieden war, herrscht Einigkeit. Beim nächsten Aspiranten ist man sich nicht so einig. »Wie kann man bei der Frage und bei 16.000 Euro keinen Joker nehmen?« Diedel, der Geografie studiert hat, meint, dass die Antwort ja wohl nicht so schwierig gewesen sei. Ich werfe ein, dass wohl nur wenige wüssten, welches der Punkt unserer Erde ist, der am weitesten vom Erdmittelpunkt entfernt ist. Die meisten kämen wohl auf Mount Everest. Diedel, der geografische Klugscheißer, meint, das könne doch nur der Chimborazo in Ecuador sein. »Der ist über 6.000 Meter hoch. Auf Grund seiner Lage am Äquator ist er am weitesten vom Erdmittelpunkt entfernt. Die Erde ist durch die Rotation nicht ganz rund, denn durch die entstehende Fliehkraft ist die Erde ein Rotationsellipsoid. Deshalb ist der Durchmesser der Erde von Pol zu Pol kleiner und am Äquator größer. Und somit ist der Chimborazo mindestens ein paar Kilometer weiter vom Erdmittelpunkt entfernt als der höchste Berg der Erde, der Mount Everest, der fast 9.000 Meter hoch, aber ein erhebliches Stück vom Äquator entfernt ist.«

Bei so viel vorgeführter Bildung schweigt der Stammtisch.

Nach einiger Zeit fragt Schulle: »Was ist denn ein Rotationsellipsoid?«

»Na, hab ich doch eben gerade gesagt, die Erde. Soll ich das noch mal erklären?«

»Um Gottes willen«, schreit der Stammtisch auf.

»Mein Gott, so habe ich die Erde noch nie gesehen.«

»Gestern«, traue ich mich zu sagen, »hab ich in der Zeitung einen guten Witz gelesen.« Das »Lass hören« benötige ich gar nicht, weil ich so mitteilsam bin. Witze behalte ich nämlich höchstens für zwei Tage.

»Beklagt sich eine Frau bei ihrem Mann: ›Du gibst mir nie recht.‹ Seine Antwort: ›Kann ich doch nicht. Sonst hätten wir ja beide immer unrecht.‹« Das Lachen ist verhalten.

Na gut, nicht jeder versteht einen intellektuellen Witz. Wie so üblich zieht ein Witz den anderen nach sich.

Nach der Hauptspeise, bestehend aus Lammkoteletts, Gemüse und Scampi, traut sich Schulle noch einmal, den Film *Für immer Adaline* anzusprechen. »Das Konstrukt ist zwar alt, aber trotzdem spannend. Die Hauptfigur, Adaline, altert nicht, sie lebt und lebt. Wie wär das für euch?«

Erst Schweigen, dann leises Reintasten in ein Urthema der Menschheit. Die Kommentare reichen von »Das wär schon toll« bis zu dem etwas rüderen »Bist du beknackt, du hast jetzt schon mit deinen 67 Jahren Schwierigkeiten, die Tage zu füllen.«

Der Abend zieht sich hin. Nach dem Nachtisch, Halva mit Vanilleeis, gibt es noch einen griechischen Mokka und einen Metaxa. Wir verabschieden uns und gehen alle zu Fuß nach Hause. Ist auch besser so. Keine Alkoholkontrolle droht, und man kann den Abend noch mal überdenken und sich auf den nächsten Dienstag freuen.

Und was sagt uns das?

Stammtische können, wie die Vorsilbe schon sagt, Halt geben.

19

Wie man eine Versuchung am ehesten loswird, indem man ihr nachgibt

Natürlich habe ich einen Computer. Der steht in meinem Arbeitszimmer und ist ein richtiger PC von der alten Sorte. Das große Gehäuse steht unter dem Arbeitstisch, das Ungetüm von Monitor steht auf demselben und nimmt genauso viel Platz ein wie der Laserdrucker, der trotz seiner Ausmaße nur in Schwarz-Weiß druckt. Vor dem Ruhestand habe ich dort öfter gesessen. Aber nun? Auch wenn ich manchmal das Internet nutzen möchte, scheue ich doch immer öfter den Gang vom Wohnzimmer in das Obergeschoss.

Ich habe das dringende Gefühl, dass in den heimischen IT-Bereich investiert werden muss. Meiner Gattin erzähle ich noch nichts von meiner Überlegung. Ich will erst mal heimlich recherchieren. Wenn ich die nötigen Fakten habe, ist immer noch Zeit, Überzeugungsarbeit zu leisten. Aber während wir zusammensitzen, gebe ich ein gegrummeltes »Irgendwie blöd, dass ich jedes Mal, wenn ich an den PC will, nach oben gehen muss« von mir. Sie antwortet zwar nicht, aber steter Tropfen höhlt den Stein.

Ich brauche Expertenhilfe. Die erste Gelegenheit bietet sich am Abend. Stammtisch. Nachdem wir gemeinsam die letzte Woche haben Revue passieren lassen, bietet sich mir die Gelegenheit, mein PC-Problem vorzutragen. »Du hast immer noch kein Notebook?«, erstaunt sich Schulle. »Ich könnte ohne das Ding gar nicht mehr leben. Ich will doch nicht mehr an so einem Riesenkasten sitzen. Und dann die ganzen Kabel!« Werner stellt fest, dass er die Zeiten mit dem Notebook schon lange hinter sich habe. Das langsame Hochfahren habe ihn so genervt, dass er sich ein Tablet angeschafft habe. »Anschalten und zack, schon bin ich im Internet.« Seine Begeisterung ist nicht zu überhören. Ich höre mir das in Ruhe an, bin aber froh, dass ich überhaupt weiß, was ein Tablet ist. Ich fühle mich aber in meinem Investitionswunsch bestärkt. Da muss was Neues her!

In den nächsten Tagen lese ich sorgfältig alle Hochglanzprospekte, die mir die großen Elektronikmärkte zukommen lassen. Auch wenn ich einen PC hinreichend bedienen kann, überfordern mich die Produktinformationen. Das mit der Bildschirmgröße kapier ich ja noch. Die Bildschirmdiagonalen schwanken zwischen 20,3 und 43,9 Zentimeter. Aber was sagt mir eine »NVIDIA GeForce Grafikkarte mit zwei Gigabyte Speicher? Noch hilfloser bin ich bei »Intel Core i5-5200U Prozessor der fünften Generation mit Intel Turbo-Boost-Technik 2.0.« Verständlich ist mir nur der kleingedruckte Hinweis, dass ich die benötigte Software hinzukaufen muss.

So wird das nichts. Ich brauche fachkompetente Hilfe.

Ich melde mich bei meiner Gattin ab mit dem Hinweis, dass ich noch etwas erledigen müsse. Sie fragt nicht nach. Nächste Woche hat sie Geburtstag. Die Prospekte lasse ich auf dem Tisch liegen. Vielleicht fällt ja der Groschen.

Im nächstgelegenen Elektronikmarkt lasse ich mich von den riesigen Flachbildschirmen, auf denen Filme in faszinierender Auflösung laufen, nicht ablenken. Ehrlicher gesagt, kaum ablenken, denn die Bilder sind schon von anderer Qualität als die auf unserer häuslichen Glotze. Aber ich habe eine Mission. Schnurstracks marschiere ich zur Abteilung mit den Notebooks und Tablets. Und siehe da, heute scheint ein guter Tag zu sein. Ich finde sofort einen Verkäufer/Berater. Ich schildere ihm mein Anliegen und lasse dabei meine Unwissenheit zu sehr durchblicken, denn ich sehe ein gewisses Blitzen in den Augen des Verkäufers. Da kann ich nur noch auf das Gute im Menschen hoffen.

Gut zugehört hat er. »Wenn ich alles zusammenfasse, sollten wir uns die Tablets anschauen. Die haben ein tolles Handling, die Akkus halten lange, und man ist schnell im Internet.« Er zeigt mir die verschiedenen Modelle in den unterschiedlichen Ausstattungen und Preisklassen. Natürlich hat er auch die entsprechenden Argumente für das teuerste Produkt parat. In Anbetracht der noch nicht geführten häuslichen Verhandlungen kommt das ohnehin nicht infrage. Ich entscheide mich für das Sonderangebot. Das kostet jetzt nur noch 329,99 Euro statt 499,99 Euro. So ein Schnäppchen vermittelt ein gutes Gefühl, denn schließlich hat man nicht 329,99 Euro ausgegeben, sondern 170 Euro gespart. Voller Vorfreude auf die erste Inbetriebnahme verlasse ich den Elektronikmarkt. Ich muss die Investition nur noch meiner Gattin unterbreiten. Den Gedanken, einem Konflikt aus dem Weg zu gehen, indem ich ihr das Tablet zum Geburtstag schenke, verwerfe ich sofort. Sie wird Verständnis haben, denn sie weiß nur zu gut, dass man eine Versuchung am ehesten loswird, indem man ihr nachgibt.

Und was sagt uns das?

Eigene Wünsche selbstbestimmt verwirklichen.

20

Wie der Ruheständler lernt, nicht an der falschen Stelle Geld zu sparen

»Wir sollten Magda entlassen!«, sagt meine Frau.

»Wer um Gottes willen ist Magda?«, frage ich.

»Na, nu denk mal nach. Da helfe ich dir jetzt nicht. Da musst du schon allein drauf kommen.«

»Oh, ich hab keine Ahnung und komme auch nicht drauf!«

»Das darf nicht wahr sein. Magda ist jede Woche bei uns und putzt.

»Wieso, das ist doch ein nettes Mädchen, und die macht doch ihre Arbeit zu unserer vollsten Zufriedenheit, oder? Hat sie was geklaut?«

»Nein, natürlich nicht, aber ich habe mir gedacht, wo du doch eigentlich den ganzen Tag nichts mehr zu tun hast, könntest du ja ihre Arbeit übernehmen. Vor allen Dingen, weil wir es jetzt nicht mehr so dicke haben mit deiner Rente.«

»Aber was wird dann aus Magda, dem armen Mädchen?«

»Da können wir jetzt keine Rücksicht nehmen. Die wird schon wieder ganz schnell woanders was finden.«

Gesagt, getan. Magda ist weg, und ich übernehme ab sofort die Hausarbeit. Kann ja wohl nicht so schwer sein, wäre ja noch schöner.

»Das bisschen Haushalt«, sage ich.

Und so entferne ich die Haare aus dem Abfluss des Handwaschbeckens und aus der Dusche, setze den Staubsauger in Gang, der die deprimierende Aufgabe hat, alles, aber auch alles zu verschlucken. Es klappert so verdächtig. Ach du meine Güte! Hatte die Gattin nicht neulich etwas von einem Ring gesagt, der verschwunden sei? Jetzt muss ich mich entscheiden. Entweder den Beutel rausholen und alles gründlich durchsuchen oder ignorieren. Ich entscheide mich für Letzteres. War wahrscheinlich ja doch nur ein Geldstück. Hoffentlich! Ich wische den Staub von den Bildern, vom Regal, ich wische die Küche und das Gästeklo. Das ewige Bücken zum Putzeimer tut dem Rücken nicht gut. Ich komme zu dem Schluss, dass dieser Arbeit absolut nichts Heroisches anhaftet, eine Arbeit, die sich immer wiederholt, es nimmt kein Ende. Das Allerschlimmste aber kommt zum Schluss. Der Kontrollgang der Ehefrau!

»Hast du hier auch gewischt? Guck mal da, die Ecke! Hast du auch an das Klobecken gedacht? Meine Güte, du musst auch mal den Deckel anheben! Geht gar nicht! Da kann ich gleich alles noch mal nachputzen. Na toll!« Darüber kann man graue Haare kriegen, wenn man die nicht schon hat. Ja, beim HSV hätte man als Spieler sein sollen. Da nimmt die Welt Anteil an den Heldentaten, die zu Hause nur im Verborgenen blühen. In der Nachspielzeit noch ein Tor schießen, alles umdrehen, aus dem Nichts heraus, Freistoß und Tor. So leicht ist das. Dafür wird man hoch bezahlt und geliebt, die Welt guckt zu. Adrenalinausschüttung pur, was für ein Lebensgefühl, man könnte die ganze Welt umarmen. Damit kann man beim Staubsaugen nicht unbedingt rechnen. Man könnte ja wie ein Wahnsinniger den Staubsauger in die Ecke pfeffern, wild herumspringen und laut brüllen: »Ich hab's, ich hab's. Der Staub ist weg! Geschafft!« Eher unwahrscheinlich, dass die beste und klügste aller Ehefrauen Beifall klatschen würde.

Da muss ich wohl noch mal mit meiner Frau verhandeln. Magda könnte doch wieder eingestellt werden, spricht doch nichts dagegen, oder?

Jetzt weiß ich endlich, was ich an Magda hatte.

Und was sagt uns das?

Nicht an der falschen Stelle Geld sparen wollen.

21

Wie man lernt, keine falschen Rückschlüsse zu ziehen

Kultur muss sein, denn der Mensch, besonders der Ruheständler, braucht so etwas. Schließlich lebt er auch jenseits der 65 nicht vom Brot allein.

Auf ins Schauspielhaus, in die Großstadt, wo das Leben tobt.

Es gibt *Romeo und Julia* von Shakespeare. Shakespeare, was für ein interessanter Mensch, voller Geheimnisse, was für ein Genie. Seine Frau Anne Hathaway war immerhin schon 24 Jahre, als sie ihren William, den Shakespeare, 1582 heiratete. Im Mittelalter war die Lebenserwartung im Durchschnitt circa 20 Jahre. Da kann der Ruheständler des 21. Jahrhunderts aufatmen, denn die Statistik billigt ihm immerhin 80 Jahre zu. Das beruhigt aber nicht diejenigen, die bereits die 80 überschritten haben.

Zurück zu Shakespeare. Er war 18, als er seine Anne heiratete. Sie hat ihn um mehrere Jahre überlebt. Die Ehe war wohl eher nicht von allzu großer Liebe getragen, denn in seinem Testament hatte er festgelegt, dass sie nur das zweitbeste Bett aus der Erbmasse bekommen sollte. So ein Testament sollte ich meiner Frau mal hinterlassen.

Heute kennt man Anne Hathaway wohl nur noch als die Schauspielerin mit dem großen Mund und den riesigen dunklen Augen. Die, die immer so niedlich verstört in die Gegend guckt. Ich weiß nicht, ob sie verheiratet ist, aber es ist recht unwahrscheinlich, dass sie mal einen Shakespeare heiraten wird, noch dazu einen William.

Also, ins Theater. Wir wollen den Vorortzug nehmen. Mit dem Auto ist es doch viel zu stressig, dieser Großstadtverkehr. Außerdem ist die Eintrittskarte auch gleichzeitig Fahrkarte bis vor die Tore des Theaters.

»Für den Weg bis zum Bahnhof nehmen wir aber unseren Wagen«, sagt meine Frau. »Dann haben wir es bequemer, wenn wir müde aus dem Theater zurückkommen.«

»Ja, das machen wir.«

So beginnt der »Romeo-und-Julia-Abend«.

Das Stück kann auch ein Regisseur der Neuzeit nicht verhunzen. So bleibt viel Gefühl bis hin zu Tränen. Ja, so muss Theater sein.

Und dieser Tybalt, dieser streitlustige Fiesling, ein Verwandter von Julia, der die Familie von Romeo hasst, fährt mit einem schwarzen Alpha Romeo auf die Bühne und trägt schwarzes Leder mit Silberkettchen und Silbersternen auf der Jacke. So einen Wagen? Das wäre doch mal was. Ein Ruheständler im Alpha Romeo. Da würden die Leute aber gucken. Aber wahrscheinlich würden sie mir den Wagen nach ein paar Wochen direkt vorm Haus klauen. Nee, nee, da bleib ich doch lieber bei meinem VW, sechs Jahre alt, grau und völlig unscheinbar: Den klaut mir keiner.

Ein beruhigendes Gefühl. Trotzdem ist das Stück mal wieder zu lang.

Der Vorortzug bringt meine Frau und mich wieder wohlbehalten zurück. Nur noch in den Wagen und nach Hause ins Bett.

»Ja, wo ist denn der Wagen?«

Es stehen nur noch drei Wagen auf dem Parkplatz, ein VW ist nicht dabei.

»Den haben wir doch hier gleich neben dem Bahnhof abgestellt. Ich spinne doch nicht! Oder?«

»Der Wagen ist geklaut worden. Ich glaub es ja wohl nicht! Du musst die 110 anrufen!«

Gesagt, getan.

»Ja, hallo, mir ist mein Auto gestohlen worden.«

»Geben Sie mir mal bitte die Zulassungsnummer«, sagt die Stimme auf der anderen Seite.

»OD – ML 2810.«

»Darunter gibt es keine Zulassung.«

»Na, hören Sie mal. Ich werde doch noch meine Autonummer wissen!«

»Darunter gibt es keine Zulassung«, antwortet die Stimme erneut.

Irritiert gucke ich noch einmal auf den Kfz-Schein.

»Entschuldigung, OD – ML 2910.«

»Das ist ein VW Golf. Welche Baureihe?«

»Was? Welche Baureihe?«

»Na, zwei, drei, vier. Das wissen Sie nicht?«

»Nein, das weiß ich nicht. Es tut mir leid. Auch wenn ich die Baureihe nicht weiß, mir ist trotzdem mein Auto gestohlen worden.«

»Ich schicke Ihnen gleich mal einen Polizeiwagen vorbei. Wo sind Sie jetzt?«

Ich gebe den Ort durch.

»Bleiben Sie dort stehen, bis die Polizei kommt.«

Nach 20 Minuten kommt der Wagen. Dem entsteigen zwei Personen, weiblich und männlich, geschätztes Alter 14 und 16. Wirken wie Romeo und Julia auf dem Lande in Uniform. Auf ihren schwarzen Jacken steht in weißer Schrift: POLIZEI. Das männliche Wesen nimmt den Vorfall auf. »Julia« betrachtet ihre schön lackierten Fingernägel. Ihre Pistole hängt cool an der Hüfte.

Der Polizist fragt: »Warum sind Sie denn überhaupt mit dem Wagen gefahren, wo Sie doch hier fast um die Ecke wohnen?«
»Ja, toll. Das habe ich mich jetzt auch schon gefragt.«
»Sie hören von uns.«
Und was sagt uns das?
Aus unangenehmen Ereignissen sollten keine falschen Rückschlüsse gezogen werden.

22

Wie man sich mit Mut beruhigen kann

Der zweite Besuch beim Arzt zur Vorsorge steht an. In der Praxis empfängt mich wieder die schöne Daphne und führt mich in ein Behandlungszimmer. Heute soll ein Belastungs-Elektrokardiogramm gemacht werden.
»Machen Sie sich oben herum schon mal frei.«
Sie setzt nun mehrere Saugnäpfe auf die Haut um das Herz herum.
Nun muss ich aufs Fahrrad.
»Ist das so gut für Sie, oder soll ich den Sattel nach oben verstellen?«
»Oh ja, bitte.«
»Sitzen Sie jetzt bequem?«
»Ja, kann losgehen.«
»Denken Sie daran. Der Zeiger auf Ihrem Display muss immer im Bereich 25 bis 39 km/h bleiben.«
Ich beginne zu treten. Der Widerstand ist sehr gering. Das ist ja einfach. Ohne Anstrengung zu leisten. Das Elektrokardiogramm zeichnet die Herzaktionen in Form von Kurven auf. Daraus lassen sich Herzstörungen ablesen. Das Gemeine daran ist, dass die Belastung ständig gesteigert wird. Das macht Daphne. Ich weiß, sie meint es nur gut mit mir.

»Wenn Sie nicht mehr können, dann sagen Sie Bescheid. Dann brechen wir ab.«

Das fehlte ja gerade noch, nicht mehr können. Diese Blöße werde ich mir vor Daphne nicht geben. Das ist schon mal sicher. Und so trete ich weiter, bis sie mich erlöst.

Nun stürzt der Arzt herein, mit weißem Hemd, weißer Hose und abwesendem Blick. Er gibt mir die Hand.

»Dann wollen wir mal sehen«, sagt er. Daphne verlässt den Raum.

Er schaltet seinen Computer ein und ruft meinen Namen auf.

»Was haben wir denn da?« Sagt er nichts zum Belastungs-EKG?

Es tritt eine längere Ruhephase ein. Das gibt mir zu denken. So habe ich Zeit, mir die schlimmsten Krankheiten auszudenken.

»Ja, die Daten von der Blutauswertung sind so weit in Ordnung. Der PSA-Wert …«

Wieder entsteht eine längere Pause. Ich sehe mich schon auf dem OP-Tisch bei der Entfernung meiner Prostata.

»… ist, soweit ich das sagen kann, … … im grünen Bereich. Das müssen wir aber weiter beobachten.

Und dann noch die Leberwerte … … … mm, hmmm … … … … … für Ihr Alter … … normal.

Sie können sich wieder anziehen.«

Der Arzt verlässt den Raum, und Daphne kommt wieder herein, um mich dann in einen anderen Raum zu führen.

Hier sollen jetzt per Ultraschall die inneren Organe untersucht werden.

»Sie haben Gallensteine. Hier, gucken Sie mal, die runden dunklen Stellen, das sind die Gallensteine«, sagt der Arzt.

»Ist das gefährlich?«

»Nein, das nicht. Nur wenn die sich in Bewegung setzen, dann ist das sehr schmerzhaft, und dann müssen die entfernt werden.«

»Muss man da was machen?«

»Nein, das werden wir beobachten.«

»So, und dann stellen Sie sich noch mal an die Wand und lassen Sie die Hose herunter. Ich werde jetzt noch Ihre Prostata abtasten.«

Er zieht sich Plastikhandschuhe über und sagt: »Und jetzt nicht gegendrücken. Sonst komm ich nicht rein.

So, das war's. Waren Sie eigentlich schon bei der Darmspiegelung?«

»Nein, noch nicht.«

»Das ist in Ihrem Alter aber unbedingt nötig. Hatte ich Ihnen nicht schon vor zwei Jahren eine Überweisung mitgegeben?«

»Ja schon, aber ich bin bis jetzt noch nicht dazu gekommen. Immer kam was dazwischen.«

Er lächelt und sagt: »Jetzt aber nun wirklich. Da ist doch nichts dabei. Und wenn Sie es hinter sich haben, sind Sie erleichtert.» Dabei guckt er mich ernst an und reicht mir die Hand. »Bis zum nächsten Mal.«

Beim Rausgehen gibt mir die Sekretärin eine Überweisung an einen Darmspezialisten. Er soll eine Koloskopie machen, eine Untersuchung des Dickdarms, eine Darmspiegelung.

Na, mal sehen, was mir in den nächsten zwei Jahren wieder alles dazwischenkommt.

Und was sagt uns das?

Einfach mal mutig unbequeme Dinge angehen. Es kann beruhigen.

23

Wie man beim Anziehen der Socken überlebt

In der physiologisch betrachteten Blüte meines Lebens habe ich mir über den Transport meiner Einkäufe noch keine Gedanken gemacht. Zwei Kästen Bier zu tragen, war kein Problem. In der linken und der rechten Hand baumelten jeweils 30 Flaschen Flens. Jahre später wurde es schon anstrengend, einen Sechserpack Wasser in Schonhaltung vor dem Bauch zu schleppen. Jetzt, im Ruhestand, bin ich manchmal versucht, die Flaschen einzeln zu transportieren.

Aber ich spüre nicht nur ein Nachlassen der Kräfte. Die Gelenkigkeit und das Gleichgewichtsgefühl haben stark nachgelassen. Das spüre ich deutlich nach dem morgendlichen Duschbad. Das Abtrocknen meines Kopfes, des Rumpfes und der Gliedmaßen bereitet keine Schwierigkeiten, aber die Füße mit dem Handtuch von der Nässe zu befreien, ist für mich eine echte Herausforderung. Mein Ehrgeiz lässt es nicht zu, mich des bereitstehenden Hockers zu bedienen. Wär ja noch schöner. Ging ja früher auch. Wie ein einbeiniger Storch gelingt es mir, den jeweils anderen Fuß abzutrocknen. Das Risiko eines Sturzes halte ich für kalkulierbar.

Solche Gefahr gehe ich beim Anziehen mittlerweile nicht mehr ein. Nachdem ich beim Versuch, die Socken überzustreifen, schwersten Verletzungen nur entgangen bin, weil ich mich mit der Schulter am Schlafzimmerschrank abfangen konnte, habe ich Konsequenzen gezogen. Das Überstülpen der Fußbekleidung vollziehe ich nur noch im Sitzen. Schließlich will ich im Ruhestand überleben. Wäre ja auch zu peinlich, wenn man im Krankenhaus die Blessuren am Kopf und den Armbruch im Unfallbericht erklären müsste. »Rentner stürzt beim Anziehen der Socken.«

Da nehme ich lieber diese Demütigung auf mich. Außerdem sieht es ja keiner.

Und was sagt uns das?

Die Fähigkeit, im Ruhestand zu überleben, zeigt sich manchmal im Banalen.

24

Wie man sich aus dem Leben verabschieden kann

Dieser Ratgeber handelt zwar davon, wie man im Ruhestand überleben kann, traurige wie eiskalte Wahrheit ist aber, dass auch der Rentner letztendlich nicht überleben wird.

Deshalb sollte sich der Ruheständler vielleicht rechtzeitig Gedanken darüber machen, wie mehr oder weniger geistreich seine letzten Worte formuliert werden sollten. Schließlich ist es das letzte Mal, dass er sich mitteilen kann.

Beispiele von Berühmtheiten gibt es genug.

»Schieß nur, du Idiot, du wirst nur einen Menschen sterben sehen.« Che Guevara

»Jesus, ich liebe dich.« Mutter Teresa

»Schieß mir in die Brust!« Benito Mussolini

»Auch du mein Sohn?« Julius Caesar

»Es ist vollbracht!« Jesus

»Ich hatte eben 18 Whisky ohne Eis. Ich denke, das ist der Rekord.« Dylan Thomas

»Der Typ muss anhalten. Der muss uns doch sehen!« James Dean

»Ich werde endlich Marilyn treffen.« Joe DiMaggio

»Alles langweilt mich.« Winston Churchill

»Weißt du, wo ich etwas Marihuana (shit) herbekommen kann?« Lenny Bruce

»Lasst mich in Ruhe.« Bertolt Brecht

Albert Einstein: Von ihm ist nicht überliefert, was seine letzten Worte waren. Zum Zeitpunkt seines Ablebens war nur eine englisch sprechende Krankenschwester an seinem Bett. Sie konnte ihn nicht verstehen, da seine letzten Worte in Deutsch waren.

Und was sagt uns das?

Schön wäre es, wenn man seinen letzten Satz bei vollem Bewusstsein formulieren könnte.

KAPITEL VIER

DEM GEHIRN AUF DIE SPRÜNGE HELFEN

25

Wie sich der Ruheständler beim lebenslangen Lernen unterstützen lassen kann

Ich leere den Briefkasten normalerweise um 18.00 Uhr. Diese Zeit habe ich mir angewöhnt. Nicht weil ich Ruheständler bin, sondern weil die Post nicht mehr wie früher vormittags und auch nicht mehr täglich geliefert wird. Ich bräuchte ja auch nicht jeden Tag nachzusehen, aber seit Wochen fiebere ich meinem Steuerbescheid entgegen. Diesmal nicht voller Angst, sondern in Vorfreude auf eine Rückerstattung. So laufe ich in letzter Zeit viertelstündlich zum Briefkasten. Keine Post. Das Finanzamt braucht wohl noch Zeit. Das erhöht meine Hoffnungen auf einen Geldsegen, denn wenn ich was nachzahlen müsste, hätte ich bestimmt schon Bescheid. Dafür ist der Briefkasten aber rechnungsfrei. Ist doch auch was. Leer ist der Kasten aber nicht. Ich halte einen vielseitigen Prospekt der heimischen Volkshochschule in den Händen.

Natürlich kenne ich die Institution dem Namen nach schon seit Jahren, aber Interesse und vorgeschobene mangelnde Zeit haben mich daran gehindert, mich näher damit zu beschäftigen. Vielleicht lag es aber auch einfach nur daran, dass mich der Name nicht ansprach. Mit dem »Völkischen« hatte ich schon immer nichts gemein, und eine Hochschule wollte ich auch nicht mehr besuchen.

Aber das Alter stimmt milde, und das Argument der mangelnden Zeit gilt auch nicht mehr.

Die vielseitige Hochglanzbroschüre will erst mal erlesen werden, zumal ich nicht weiß, welches Angebot mich reizen könnte. Zu meinem Glück ist die Werbung übersichtlich gestaltet. Ich brauche mich nur zwischen den Rubriken Gesellschaft, Beruf, Sprachen, Gesundheit, Kultur und Junge VHS zu entscheiden. Das Letztere fällt ja wohl aus Altersgründen aus, aber Kultur und Politik-Gesellschaft-Umwelt kommen für mich in die nähere Auswahl.

Mal sehen, was die wirklich zu bieten haben. Auf der Homepage der VHS werden zwar zahlreiche Angebote verzeichnet, aber als ich recherchiere, was noch buchbar ist, ist die Auswahl äußerst dünn:

- SPEKTRUM Fotogruppe der VHS
- Dat Geheemnis vun de Höhl – Leonardo da Vinci – Sien Leven un siene Kunst
- Heilpflanzen im Jahresverlauf. Wochenendexkursionen
- Das ABC des Pilze-Sammlers
- Jungen machen Druck – Schritte zur geschlechterbewussten Arbeit mit Jungen

Alle, die sich von diesen Angeboten animiert fühlen, mögen mir verzeihen, aber meine Interessenlage decken sie nicht. Das Angebot »Jungen machen Druck« kann mich nicht reizen. Ich habe zwar einen Sohn, inzwischen aus dem Haus, aber eine geschlechterbewusste Arbeit habe ich wohl versäumt. Das mit dem Pilze-Sammeln kann ich vergessen. Meine Gattin bekommt schon beim Anblick von Austernpilzen einen Würgereiz. Das mit den Heilpflanzen wäre schon reizvoll – nicht weil mich die Gesundheitserziehung interessiert, sondern wegen der anstehenden Wochenendexkursionen. Reizvolle Kurzurlaube, aber ich sehe schon meine Gattin heftig mit dem Kopf schütteln. Leonardo kommt auch nicht infrage, denn ich bin des Plattdeutschen kaum mächtig. Mit der Fotogruppe loszuziehen könnte schon was für mich sein. Aber ich habe zu Hause nur noch eine Kamera, die Filmpatronen benötigt. Na gut, zwei nicht benutzte Rollen habe ich noch liegen, aber ich mache mich doch nicht zum Affen, wenn die anderen Kursteilnehmer ihre digitalen Wunderwerke mit 100-fachem Zoom und Pixeln ohne Ende zücken.

Beim gemeinsamen abendlichen Mahl informiere ich meine Gattin über meine Volkshochschulnichtentscheidung. Ihr Kommentar ist für mich mitfühlend und sehr informativ: »Das ist ja schade.

Hätte dir bestimmt gutgetan. Ich war da etwas schneller. Ich habe den Pilates-Kurs gebucht. Der findet an fünf Wochenenden statt.«

Und was sagt uns das?

Viele Angebote helfen beim lebenslangen Lernen. Also: wachsam sein.

26

Wie der Einkauf dem Gehirn auf die Sprünge hilft – oder nicht

Eines Morgens nach dem Frühstück, der Einstieg in den Ruhestand liegt schon einige Wochen zurück, offeriere ich meiner Gattin spontan ein Angebot: »Ich hab doch jetzt mehr Zeit, da könnte ich dich doch ein wenig entlasten.« Dass der Kopf meiner Gattin sich ruckartig in meine Richtung bewegt und sie mich mit weit aufgerissenen, erstaunten Augen anblickt, ignoriere ich. »Na ja, ich meine nicht Wäschewaschen oder Bügeln. Aber wie wäre es mit Einkaufen?« Die Begeisterung meiner Gattin ist offensichtlich, aber in ihrer Antwort drückt sich eine gewisse Skepsis aus. »Denkst du denn, dass du das kannst?«

»Sag mal, bist du bekloppt? Ich werde doch wohl einkaufen können!« Meine Gattin versucht zu beschwichtigen. So sei das doch nicht gemeint, aber ob ich mich erinnern könne, wann ich das letzte Mal eingekauft habe. Die Besuche im Getränkemarkt lasse sie nicht gelten. »Nun ist aber gut. Ich werde dir beweisen, wie verkehrt du liegst!«

Mit dem Hinweis, dass die Schärfe in meinem Tonfall überflüssig wäre, leitet sie zum Pragmatischen über. »Komm, lass gut sein. Lass uns einfach überlegen, was wir heute brauchen.« Meine Gattin begibt sich in die Küche und schaut in die Schränke und den Kühlschrank. »Auf jeden Fall brauchen wir ein Pfund Schweinefilet, eine grüne und eine gelbe Paprika, einen Becher saure Sahne und Toilettenpapier. Hast du das?«

»Wie, hab ich das?«

Meine Gattin weist mich darauf hin, dass es vielleicht sinnvoll wäre, einen Einkaufszettel zu schreiben. Das ist mir Anlass genug, mich richtig zu empören. »Hältst du mich für dement? Ich werd mir doch noch fünf Sachen merken können? Das wird ja immer schöner!« Meine Gattin beruhigt mich, sie hätte nur von sich auf mich geschlossen, und sie schreibe immer einen Einkaufszettel. Damit herrscht einstweiliger Ruhestand.

Ich mache mich auf den Weg zum nahegelegenen Supermarkt.

Die Liste der mir aufgetragenen Besorgungen sage ich mir im Geiste immer wieder auf: ein Pfund Schweinefilet, eine grüne und gelbe Paprika, saure Sahne und Toilettenpapier. Ich benötige einen Einkaufswagen. Die sind angekettet, und man benötigt eine 1-Euro-Münze, um sie nutzen zu können. Ich habe nur einen 50-Euro-Schein für den Einkauf eingesteckt. Also erst mal rein in den Supermarkt zur Kasse. Die genervte Kassiererin wechselt mir den Schein. Voller Tatendrang kehre ich mit dem Einkaufswagen zurück. Ich versuche, meine Einkaufsliste im Kopf zu sortieren. Gelingt fabelhaft. Abteilung Fleisch, Abteilung Gemüse, Abteilung Milchprodukte, Toilettenpapier werd ich schon finden. Ich muss erst mal vorbei an dem Sonderstand mit den Socken. Zehn Paar für 14,99 Euro. Ich bin versucht, bei dem Angebot zuzugreifen, kann mich aber an meinen Auftrag erinnern. Außerdem merke ich, dass ich von Preisen eigentlich keine Ahnung habe. Socken für 1,50 Euro kommt mir schon sehr günstig vor, aber was ein Pfund Schweinefilet kosten darf, davon habe ich keine Ahnung.

Die vielen Gänge verwirren mich. Ein gedruckter Plan, was wo ist, wäre sehr hilfreich. Aber die Betreiber des Marktes werden einen Teufel was tun, so etwas zu verteilen. Die wollen ja, dass ich orientierungslos durch die Gänge stolpere, um von den Sonderangeboten verführt zu werden. Ich suche Toilettenpapier. Ich lasse meinen Blick schweifen. Auch wenn ich als Mann erst mal suchen und nicht fragen würde, hätte ich keine Chance, denn Mitarbeiter des Supermarktes sind nicht zu finden. Aber ich werde fündig. Zwischen den Angeboten von Waschmitteln und Haarwaschmitteln entdecke ich ein vielfältiges Angebot an Toilettenpapier, dreilagig, vierlagig, Sechserpack, Zwölferpack, recyceltes Papier, mit Röschen in Lila oder Rosa, schlicht weiß mit eingedruckten Ornamenten. Ich kann mich trotz täglicher Nutzung nicht an die bei uns gebräuchliche Sorte erinnern. Was weiß ich, ob drei- oder vierlagig. Ich greife einfach zu und nehme das billigste Produkt. Das gibt zu Hause hoffentlich keinen Ärger.

Ich mache mich auf die Suche nach der Gemüseabteilung. Sie ist nicht zu übersehen. Auch Paprika ist schnell gefunden. Angeboten werden grüne, gelbe, rote und orangefarbene. Dann gibt es noch Dreierpacks in Grün, Gelb und Rot. Die kommen nicht infrage, ich sollte ja nur zwei holen. Aber in welcher Farbe? Orange war es nicht, da bin ich mir sicher, aber, war es jetzt Gelb und Grün oder Rot und Grün? Ist wohl auch nicht so wichtig.

Als Nächstes zur Fleischabteilung, das Schweinefilet. »Wie war das noch mal? Ein Pfund oder ein Kilo?«

Ich lasse mir ein Kilo zeigen. Das kommt mir allerdings recht viel vor.

Ich kaufe ein Pfund.

Ich rekapituliere meine Liste. Ich habe jetzt drei Teile, wohl wissend, dass es vier sind. Ich versuche verzweifelt, mir den vierten Besorgungsauftrag ins Gedächtnis zu rufen. Hilflosigkeit macht sich breit. Das kann doch wohl nicht sein. Sollte die Gattin recht gehabt haben mit ihrem Einkaufzettel-Tipp? Egal. Ich hab mein Bestes gegeben, und vielleicht fällt meine »Demenz« zu Hause ja gar nicht auf. Meine Gattin wird doch auch nicht mehr alles wissen.

Ich bewege mich zu den Kassen. Nicht alle sind in Betrieb. Nun gilt es abzuwägen, welche Schlange am erfolgversprechendsten ist. Wo stehen wie viele Leute, wer hat wie viel in seinem Einkaufswagen? Nach zwei Minuten macht sich Unsicherheit breit, ob ich richtig stehe. Ich erinnere mich, dass letzte Woche ein Wissenschaftsmagazin über die Statistik der Kassenschlange berichtet hat. Die Ergebnisse weiß ich nicht mehr. Ich verharre. Ich werde auch nicht enttäuscht. Es geht zügig. Bis die Dame direkt vor mir an der Reihe ist. Gelangweilt schaut sie in der Gegend herum und schaufelt ihre Waren in die Plastiktüte. Nach der Aufforderung der Kassiererin »19,25 Euro bitte« sucht sie in der Handtasche nach ihrem Portemonnaie. Nachdem sie gefühlte fünf Minuten in der Geldbörse gewühlt hat, drückt sie der Kassiererin Scheine und Münzen in die Hand. Ihr »Müsste so stimmen« kontert die Kassiererin mit einem »Da fehlen noch fünf Cent«. »Mehr hab ich nicht. Da muss ich mit meiner EC-Karte zahlen.« Es braucht noch geraume Zeit, bis sie im Kartenstapel das Dokument gefunden hat. Meinen ungeduldigen Blick an die Decke des Supermarktes und das Gegrummel in der Schlange scheint sie nicht wahrzunehmen. Schließlich ist sie nach zweimaliger Eingabe der Geheimzahl erfolgreich.

Zu Hause angekommen, packe ich meine Einkäufe aus. Die Gattin steht blöderweise daneben. Sie fragt nur, meinem Stolz über meinen Einkauf trotzend: »Und wo ist die saure Sahne?«

»Verdammt«, denke ich nur, »wozu braucht diese Frau einen Einkaufszettel?«

Und was sagt uns das?

Einen Einkaufszettel mitzunehmen, ist noch lange kein Zeichen von Demenz. Um das Hirn zu stärken, vielleicht mal wieder mit der Frau »Ich packe meinen Koffer« spielen.

27

Wie man die Tageszeitung für sich nutzen kann

Die Tageszeitung zu lesen ist ein Ritual, das ich seit Jahrzehnten pflege. Noch morgens vor der Arbeit erlese ich mir die Ereignisse des vergangenen Tages. Wenn der Zeitungszusteller einmal erkrankt ist, was sehr selten vorkommt, macht sich Frust breit. Die Tageszeitung ist nicht da. Der Tag beginnt nicht gut. Ich unterliege meiner Abhängigkeit von festgelegten Abläufen. Wenn sie aber da ist, die Tageszeitung, unterliege ich ebenso festgelegten Abläufen. Niemals würde ich die Zeitung von vorne bis hinten lesen. Ich schaffe mir meinen eigenen Spannungsbogen.

Zuerst ist der Regionalteil dran. Man muss ja schließlich wissen, was sich im Heimatort so tut, und sich bei den Todesanzeigen auf dem Laufenden halten. Seit Längerem rechne ich das Alter der Verstorbenen aus und bin jedes Mal froh, wenn es deutlich über 90 liegt.

Als Nächstes ist die letzte Seite dran, weil die vorletzte mit Horoskop, Rätsel und Sudoku nun wirklich nichts hergibt. Die letzte Seite dagegen liest sich unter der Überschrift »Aus aller Welt« locker und leicht, und man spart sich den Besuch beim Arzt, weil sie das Wichtigste aus den bunten Blättern kolportiert.

Da beschlagnahmt der Zoll in einer Nacht 164.000 Zigaretten, eine Frau und ihr Baby überleben nach einem Flugzeugabsturz im Urwald von Kolumbien, und die *Bunte*-Chefredakteurin wäre gerne Krimiautorin.

Dann was Lockeres hinterher: der Sportteil. Der berichtet zu 90 Prozent vom Fußball. Auch bei den Redakteuren macht sich in der Berichterstattung und den Kommentaren die allgemeine Grundhaltung der Fanatiker breit: Zehn Millionen alles besser wissende Bundestrainer würden alles anders machen. Aber ist ja auch interessant zu lesen, dass »Schweini« sich in Ana verliebt hat.

Der Wirtschaftsteil wird überflogen. Manches ist zwar ganz interessant, aber ich verstehe zu wenig davon. Die Börsenkurse nehmen eine ganze Seite ein, aber wen fesselt das schon, wenn man selbst keine Aktien im Spiel hat?

Die Kulturseiten sind da schon etwas anderes. Rezensionen der neuesten Bucherscheinungen, Theateraufführungen, Konzerte und Musikveröffentlichungen geben Hinweise, was einen reizen könnte.

Als Letztes nehme ich mir die ersten Seiten vor. Regionale, deutsche und globale Politik bilden den Schwerpunkt. Auf der Titelseite gibt es einen Blickfang. Die tägliche Glosse. Mit spitzer Feder wird Aktuelles thematisiert. Fast immer bin ich so amüsiert, dass ich mich veranlasst sehe, meiner Gattin daraus vorzulesen.

Mit dem Zeitpunkt des Ruhestandes verändert sich bei mir nicht nur der Zeitpunkt des Lesens der Tageszeitung, sondern auch die Sorgfältigkeit des Lesens. Was früher nur Überschrift war, wird zum Artikel. Eines Tages stolpere ich förmlich über die Seite mit Horoskop, Sudoku und Kreuzworträtsel. Als Mensch mit einer gewissen Rechenschwäche spricht mich Sudoku nicht an. Kann man ja mal ins Tageshoroskop reinschauen. Unter »Fische« steht: »Ärmel aufkrempeln und zupacken, das ist Ihre derzeitige Arbeitshaltung. Der finanzielle Aufschwung lässt auf sich warten. Eine kleine Krise in der Beziehung lässt sich nur durch deutliche Worte aus der Welt schaffen – zum richtigen Zeitpunkt!« Wenn das nicht hilfreich ist!

Ich versuche es mal mit dem Kreuzworträtsel.

Wo anfangen? Oben links oder in der Mitte? Einfach mal den Blick schweifen lassen, ob es eine Frage gibt, die ich spontan beantworten kann. Siehe da, ein »Grieche der Antike« wird gesucht. Ist doch einfach. Bleibt nur noch die Frage, ob mit einem oder mit zwei »l«. Einfach mal die Buchstaben zählen. Sieben. Da kommt nur ein Doppel-L infrage. Passt prima, denn das horizontal laufende »ehemalige deutsche Fürstentum« heißt natürlich »Lippe«. Läuft ja fabelhaft. Da kann ich ja gleich mal im unten stehenden Lösungswort an siebter Stelle ein »I« eintragen. Ein paar Eintragungen später fehlt mir beim irischen Schriftsteller, der 1939 gestorben ist, nur noch der erste Buchstabe. Da schummel ich doch einfach mal ein »Y« rein. Merkt ja keiner. Der »Pfälzer Höhenzug« bringt wieder Rechtschreibschwierigkeiten mit sich. Aber der »Bambusbär«, der »Kapitalbringer« und die »Zahnfäule« bringen mich in die Spur. Natürlich heißt der Höhenzug »Haardt«.

Ansonsten läuft alles fabelhaft. Zum Schluss bleibt nur noch ein Begriff, den ich mir auf Teufel komm raus nicht erklären kann. Ein Wort mit sieben Buchstaben wird gesucht. Den zweiten (p), dritten (h) und fünften Buchstaben (m) hab ich schon. Aber was, bitte schön, steht für »flüchtig, kurzlebig«?

Bei vier fehlenden Buchstaben ist schlecht schummeln, zumal mir beim Lösungswort auch noch der sechste Buchstabe fehlt. Der Ehrgeiz packt mich. Die Gattin muss helfen. »Muss das denn jetzt sein? Ich bin gerade dabei, die Wäsche zu machen!« Nach meiner demütig vorgetragenen Bitte, ich bräuchte ihre Hilfe, bequemt sie sich aber zu mir. Nach kurzer Überlegung gesteht sie ihre Unwissenheit, bringt mich aber auf *die* Lösung. »Wenn du schon kein Kreuzworträtsellexikon hast, warum guckst du denn nicht einfach bei Google nach?«

Hätte ich auch selbst drauf kommen können.

Das Notebook braucht zwar zwei Minuten, um hochzufahren, aber ich habe ja Zeit. Der Internet-Explorer startet erstaunlich schnell. In der Startleiste nur noch »Google« eingeben und schon öffnet sich die Suchoption. Die Eingabe »flüchtig, kurzlebig« ergibt keine direkten Ergebnisse, aber einen Verweis auf Link »Kreuzworträtsel-Lösung«. Da kann man ganz bequem die Anzahl der Buchstaben und die schon bekannten eingeben. Gibt tatsächlich nur eine Lösung: »ephemer«.

Mit nicht geringem Stolz lege ich die Rätselseite in die Papierablage und versuche, mir die Lösung einzuprägen. Könnte ja sein, dass ich die noch in einem zukünftigen Rätsel brauchen könnte. Hat irgendwie auch Spaß gemacht, und eine knappe Stunde des Tages ist sinnvoll genutzt worden. Außerdem könnte ich am nächsten

Dienstag beim Stammtisch einmal die Frage in die Runde werfen. Vielleicht als Wette verkleidet. Dann springt vielleicht sogar ein Ouzo für mich raus.

Meiner Gattin, der ich von meinem Rechercheerfolg berichte, kann ich nur ein müdes »Von mir aus« entlocken.

Und was sagt uns das?

Manchmal ist es ein Kreuz mit dem Worträtsel, aber die »Alters-Neurologen« raten zu diesem Gehirnjogging, und vielleicht landet man ja mal bei *Wer wird Millionär?* auf dem Stuhl.

28

Wie ein »Bore-out« verhindert wird

Ich fröne wieder meinem täglichen Ritual, dem Lesen der Tageszeitung. Mein Blick fällt auf die Anzeigenseite. Da gibt es Rubriken wie:
Zu verschenken:
»Ein Kaninchenstall in Rot-Beige«.
Verschiedenes:
»Lucky-Luke-Comics und alte DDR-Comics, die Digedags, Pr. auf Anfr.«

Und jemand möchte einen privaten Kredit zur Ablöse eines Bankdarlehens. »Festes Einkommen. Benötigter Betrag 15.000 Euro.«

Ein besonderer Quell der Unterhaltung ist die Abteilung:
ER sucht SIE und SIE sucht IHN.

Nicht, dass ich auf der Suche bin, wo man doch mit der besten aller Ehefrauen verheiratet ist, aber interessant ist es schon.

Eine »Frau m. Hund, Jg. 50, led., schl., stud., NMS bis RD, su. tierlieb. netten Mann, ebenf. Stud., z. Aufbau einer harmon. u. fröhl. Freundschaft, gerne mit Bild«.

Oder: »Ich (50 J), möchte wieder die Schmetterlinge spüren, möchte nicht mehr alleine zu Einladungen gehen und den hoffentlich bald beginnenden Sommer gemeinsam genießen. Wenn es Dir genauso geht und Du ein niveauvoller Mann aus der Nähe FL oder SL bist, dann melde dich doch unter sommerfeeling@google.de.«

Sommerfeeling im Herbst des Lebens? Wenn das man gut geht.

Unter *Neues aus aller Welt* wird von einem Mann berichtet, der im Stadtpark seine Hunde ausführt. Dort lässt er sie frei laufen. Einer von ihnen fällt eine Frau an. Darüber regt der Hundehalter sich so auf, dass er einen Herzinfarkt erleidet und auf der Stelle verstirbt.

In Bogotá in Kolumbien hat ein Hund einen Teil von Herrchens Gebiss verschluckt. Der Mann geht zum Tierarzt. Der gibt dem Hund ein Mittel, sodass der alles wieder auskotzt. Der Hundehalter spült sein Gebissteil unter der Wasserleitung ab und setzt es sich wieder ein.

In Nepal wird eine dritte Geschlechtsangabe in Pässen eingeführt. Statt »M« – »male« – männlich oder »F« – »female« – weiblich kann man jetzt »O« eintragen lassen. »O« steht für »other« – »andere«.

In Helsinki hat ein Angreifer bei IKEA mit einem Küchenmesser einen Mann und eine Frau erstochen. Die Getöteten seien normale Kunden gewesen. Das Ganze passierte in der Abteilung für Küchenutensilien.

In Deutschland macht Langeweile die Senioren krank. Das nennen die Psychologen »Bore-out«, abgeleitet von dem englischen Wort »boredom« – »Langeweile«. Senioren sollten sich deshalb nicht scheuen, Hobbys zu betreiben, eine neue Sprache erlernen oder ein Ehrenamt übernehmen. Auch täglich Zeitung lesen hilft.

Na, das mach ich doch gerade.

Und was sagt uns das?

Beim Lesen der Zeitung kann keine Langeweile aufkommen.

Damit bleibt »Bore-out« ein Fremdwort.

BORE-OUT SYNDROM

LANGWEILE

29

Wie man sein Selbstbewusstsein stärken kann

»An was denkst du gerade?«, fragt mich meine Frau am Frühstückstisch.

»An Franz Szüzina.«

»Wer ist denn bitte Franz Szüzina?«

»Franz Szüzina war ein erfolgreicher deutscher Boxer aus der Nachkriegszeit, der aber dann von Gustav Scholz k.o. geschlagen wurde.«

»Ich schlag dich gleich k.o., wenn du mir weiter so einen unwichtigen Kram erzählst.«

»Das ist doch mein frühmorgendliches Hirnjogging. Will meine Hirnwindungen in Gang bringen. Dabei versetze ich mich in längst vergangene Zeiten und will mich unbedingt an die Namen von früheren bekannten Leuten erinnern. Oder ich sage mir Gedichte auf, die ich einmal gelernt habe. Oder ich zähle die Bundesländer auf mit ihren Hauptstädten. Oder ich rechne mir aus, wie weit es vom 56. nördlichen Breitengrad bis zum Nordpol ist.«

Nach einer längeren Pause sage ich: »Kennst du noch Heinrich Kwiatkowski?«

»Nein, wer soll das denn nun wieder sein?«

»Heinrich Kwiatkowski war ein deutscher Torwart, der bei der Weltmeisterschaft 1954 bei dem Spiel gegen Ungarn acht Tore eingeschenkt bekam. Seine Stärke lag im Fausten, deshalb nannte man ihn auch ›Heini Fausten‹.«

»Das wird mir jetzt ein bisschen unheimlich. Warum belastest du dein Hirn mit solch einem Müll?«

»Ich sagte doch schon, das ist für mich kein Müll, sondern Training meiner Synapsen.«

»Deiner was?«

»Das sind so Sinneszellen, die bei genügender Stimulation in Kontakt treten können zu anderen Zellen. Durch dieses Training werden die Synapsenverbindungen gefördert, und das wiederum verhindert, dass das Hirn verkümmert. Das ist ungefähr so wie ein Muskel, den man nicht mehr benutzt. Der schrumpft dann auch.«

»Mein Gott, was du alles weißt.«

Wieder tritt eine längere Pause ein.

»Karl Carstens – kennst du den noch?«

»Das war doch mal ein Bundespräsident in den 70er-Jahren. Was soll mit dem sein?«

»Der hat doch mal über Heinrich Böll gesagt: ›Ich fordere die ganze Gesellschaft auf, sich von der Terrortätigkeit zu distanzieren, insbesondere den Dichter Heinrich Böll, der noch vor wenigen Monaten unter dem Pseudonym Katharina Blüm ein Buch geschrieben hat, das eine Rechtfertigung von Gewalt darstellt.‹«

»Ich fange an, dich zu bewundern.«

»Außerdem haben es diese Menschen verdient, dass man sich an sie erinnert.«

»Na, ob dieser Spruch so verdienstvoll ist, wage ich zu bezweifeln. Du hast doch gerade eben gesagt, dass du dir auch Gedichte aufsagst. Dann trag mir doch mal eins vor.«

»Okay – das ist von Kurt Tucholsky.«

»Na dann mal los!«, sagt meine Frau.

»Das weiß man nicht.
Man hat ja niemals versucht,
den Krieg ernsthaft zu bekämpfen.
Man hat ja noch niemals alle Schulen
und alle Kirchen, alle Kinos und alle Zeitungen
für die Propaganda des Krieges gesperrt.
Man weiß also gar nicht, wie eine Generation aussähe,
die in der Luft eines gesunden und kampfesfreudigen,
aber kriegablehnenden Pazifismus aufgewachsen ist.
Das weiß man nicht.«

»Oh, du überraschst mich. Das hätte ich gar nicht von dir gedacht. Ich bin ja richtig stolz auf dich«, sagt meine Frau.

Und was sagt uns das?

Auch im »Alter« kann man mit seinem Wissen andere noch beeindrucken. Auch wenn es nur die eigene Frau ist, hebt es das Selbstbewusstsein.

30

Wie man sich ganz legal bereichern kann

Wenn ich mal ganz für mich bin, erlaube ich mir den Spaß, zum Frühstücken ins Café zu gehen. Früh, für einen Ruheständler sehr früh, damit ich der arbeitenden Bevölkerung bei ihrem hektischen Treiben zusehen kann. Ein gutes Gefühl, in der Reihe zu stehen und es nicht eilig zu haben. Vor mir den Ungeduldigen zu sehen, wie er genervt warten muss, der durch seine Körpersprache zu verstehen gibt, dass der Vordermann zu langsam ist. Mein Gott, wie lange dauert das denn noch? Hab nicht ewig Zeit, muss den Zug noch kriegen. Der Verträumte lässt sich nur durch die nachrückenden Kunden nach vorne drücken. Als er dran ist, muss er sich erst einmal überlegen, was er denn eigentlich will.

»Ich hätte gerne – äh – ein belegtes Brötchen.«

»Welches?«

»Äh …«

»Schinken, Ei, Lachs, Käse, Mett, Salami.«

»Äh, mit Mett.«

Mein Vordermann schaut auf die Uhr. Er tritt von einem Bein aufs andere.

»Ach nee, doch lieber Salami, oder nee, doch lieber Käse. Und noch 'n Kaffee.«

»Small, medium, large?«

»Äh, medium, mit Milch.«

»Also einen Milchkaffee!«

»Nein, einen ganz normalen Kaffee, mit etwas Milch.«

»Milch ist hinter Ihnen, an der Servicestation.«

Für meinen Vordermann naht die Rettung in Form einer zweiten Bedienung.

Er bestellt einen großen schwarzen Kaffee zum Mitnehmen. Auf den Papppott drückt er einen Plastikdeckel. Es soll ja nichts verschüttet werden, vielleicht sogar noch auf die Jacke. Das wäre ja zu ärgerlich.

»Ich hätte gerne ein Käse- und ein Mettbrötchen«, sage ich zu der netten Verkäuferin, »und einen mittleren Latte macchiato.«

Ich gebe ihr meine Gutschriftkarte, bei der man, wenn man zehnmal einen Kaffee bestellt hat, einen umsonst kriegt. Das ist doch was. Ich setze mich mit meinem Tablett so, dass ich zum Tresen sehen kann. Von hier aus kann ich mich nicht nur visuell ergötzen, sondern auch den Gesprächen am Nebentisch lauschen.

»Ich liebe Eckernförde!«

»Liebe macht blind.«

»So mein ich das jetzt nich'.«

»Als Kind haben wir Blinde Kuh gespielt.«

»Nein, so mein ich das nich'! Sach ma, kennst du denn überhaupt Eckernförde?«

»Ja, so 'n bisschen.«

»Und wie fandest du 's?«

»Was?«

»Na, Eckernförde!«

»Bin die Kieler Straße rauf und runter gegangen und war am Marktplatz.«

»Und du warst auch am Hafen und am Strand?«

»Nee! Mach ich das nächste Mal.«

»Nach Eckernförde fahren und nicht an den Strand gehen ist eine Sünde.«

»Eine Sünde begeht man, wenn man gegen die Gebote verstößt. Aber da ich nicht christlich denke, kann ich auch keine Sünde begehen. Außerdem, als ich das letzte Mal in Timmendorf am Strand war, war da ein alter Mann, der seine Hose hochgekrempelt hatte. Man konnte seine Krampfadern sehen und seine hässlichen Füße. Aus seinen Nasenlöchern wuchsen Haare, die fast bis zum Boden reichten. Seitdem meide ich Strände.«

»Du redest dummes Zeug!«

»Vor einer Woche hat sich mein Golfkumpel auf die Seite gelegt, war aber auch immer ein bisschen zu ehrgeizig. Jetzt ist er, also nicht tot, aber so gut wie. Beim Fernsehen noch gesagt, mir geht es nicht gut, und schon war er mit 'ner Gehirnblutung im Krankenhaus, künstliches Koma. Der wird wohl nur noch eine ganz ruhige Kugel schieben können, wenn überhaupt. Und er wollte eigentlich am nächsten Tag mit seiner Frau nach Mallorca fliegen.«

»Ich kann dir nur den guten Rat geben: Lebe!«

»In Dresden haben Rechte ein Flüchtlingszeltlager anzünden wollen. Es kam zu Ausschreitungen mit der Polizei.«

»Das waren noch Zeiten, als die Läden dort ›Exquisit‹ hießen und die Rote Armee nach den Rechten, äh ... dem Rechten sah.«

Am Nachmittag hab ich stundenlang Himbeeren gepflückt. Ganz in Ruhe, ein Gefühl tiefer Zufriedenheit hat sich in mir ausgebreitet.

Und was sagt uns das?

Sich mit offenen Augen und Ohren unter Menschen zu begeben, ist immer eine Bereicherung.

31

Wie der Ruheständler von Erich Kästner lernen kann

Die Tage sind voll von Anlässen, sich ärgern zu dürfen.

Der Hintermann, der viel zu dicht auffährt.

Das Marmeladenbrot, das einem herunter fällt und natürlich auf der falschen Seite landet.

Die Bahn, die mal wieder Verspätung hat.
Der zweite Socken, den man nicht wiederfindet.
Aus meiner Erfahrung ließe sich diese Liste beliebig fortsetzen. Aber all das sind Banalitäten im Vergleich zu Entwicklungen, die mich essenziell betreffen.

Manche politischen Entscheidungen trage ich mit oder diskutiere sie am Stammtisch mit allem mir angeborenen Temperament. Aber wenn es um eine allgegenwärtige Diskussion geht, kann ich mich über Politiker, die Presse und die angebliche Volksmeinung richtig ärgern: Rente mit 67.

Ich kann mich nicht beklagen, denn ich bin Pensionär und habe ein Einkommen, mit dem ich gut leben kann. Ich kann mich nur vage erinnern, dass ich bei meiner Berufsentscheidung auch die Sicherheit einer Pension im Hinterkopf hatte. Ich hätte ja auch einen Job in der freien Wirtschaft wählen können. Dann wäre Absicherung vorhanden gewesen, aber vielleicht wäre ich stinkreich geworden ...

Aber gerade wir gut abgesicherten Pensionäre sollten die anderen Ruheständler nicht vergessen. Alle die, die mit einem Existenzminimum auskommen müssen.

Wer denkt, dass ein Dachdecker noch mit 67 auf das Dach steigen soll, ein Steinsetzer noch mit 67 unsere Wege pflastern soll, der leidet unter Realitätsverlust.

Und die vielfach diskutierte Rente mit 63? Die wird nur gewährt, wenn der Arbeitnehmer 45 Jahre geschuftet hat. Das soll nicht anerkannt werden?

Mein ganzer Ärger richtet sich vor allem darauf, dass uns das Ganze als Generationenkonflikt verkauft wird. Wer uns verkaufen will, dass wir auf Kosten unserer Nachkömmlinge leben, unterstellt uns Altersverblödung. Wir Ruheständler wissen, dass dieses Problem kein Konflikt zwischen den Generationen ist, sondern eine Frage des Systems. Wenn dort nichts geändert wird, müssen die heutigen Studenten bis 75 arbeiten. Aber wir Ruheständler sollten

NEUES RENTENSYSTEM

nicht in Versuchung kommen, dafür Abbitte zu leisten, dass wir länger leben als unsere Eltern.

Und was sagt uns das?

Es hat keinen Sinn, uns Ruheständlern die Zähne zu zeigen. Wir sind keine Dentisten. (frei nach Erich Kästner)

32

Wie schön es ist, in der Stadtbücherei zu sitzen

Der Ruheständler, wenn er denn Ruhe sucht und sie auch außerhalb der Wohnung finden will, muss sich schon ganz genau vorher überlegen, wohin er geht. Bei schönem Wetter ist es relativ einfach. Eine Bank im Park genügt. Bei schlechtem Wetter ist es schwieriger. Im Café ist es trotz angenehmer Atmosphäre immer noch zu laut. Der Grieche hat um diese Zeit noch nicht auf, der Italiener auch nicht. Der Bäcker im Supermarkt um die Ecke hat zu viel Laufkundschaft und nur banales Zeug zu lesen wie die *Gala*, *Super-Illu* oder *InTouch*. Dann doch lieber vor sich hinstarren. Damit begibt man sich allerdings wieder in die Gefahr, dass die Kellnerin besorgt fragt, ob alles in Ordnung sei, und wenn nicht, ob sie den Notarzt anrufen soll.

»Nein, um Gottes willen, wo denken Sie denn hin?«

Und so verlasse ich schnellstmöglich das Etablissement. Wohin nun? Wo gibt es noch einen Platz, wo man ungestört ist, wo man nicht gefragt wird, ob es einem gut oder schlecht geht, wo man ganz für sich sein darf?

Ja, ich hab's. Auf in die Stadtbücherei! Hier ist die Ruhe zu Hause. Keine Hektik, nur manchmal ist ein leises Papierrascheln zu hören, vom Umblättern einer Buchseite durch einen Leser ausgelöst, der dabei schuldbewusst aufblickt. Nur ab und an mal ein gedämpftes

Telefongespräch der Bibliothekarin. Sonst nichts. Hier lässt es sich aushalten. Man ist allein. Nur ich und die Welt der Bücher, Magazine, Zeitschriften und eine gemütliche Leseecke.

Mich interessieren die Tageszeitungen. So kann ich mir neben meiner bereits zu Hause gelesenen Zeitung von weiteren andere Blickwinkel auf die Geschehnisse der Welt abholen.

Am Tisch sitzt eine Frau und liest im *SPIEGEL*.

Mal sehen, was denn hier noch so abzuholen ist. Okay, *DIE ZEIT* und der *Stern*. Schon zu Hause gelesen. Zeitschriften für die verschiedensten Hobbys, wäre vielleicht auch mal was.

Mein Blick fällt auf ein etwas höher gestelltes Fach. Dort liegt der *Playboy*. Kann man jetzt zugreifen! Und mal in Ruhe darin blättern! Der journalistische Anspruch des Magazins soll ja recht hochgesteckt sein. Viele inzwischen hoch geschätzte Literaten haben hier angefangen. Sagt man. Eigentlich spräche ja nichts dagegen, das Ganze mal zu überprüfen. Wenn nur die Frau am Tisch mit dem *SPIEGEL* nicht wäre. Vielleicht kennt die mich und erzählt in ihrer Bekanntschaft, was sie hier beobachtet hat. Das wäre ja zu peinlich. Das geht ja gar nicht. Oder vielleicht ja doch? Ich könnte das Titelblatt umknicken, sodass man nicht wirklich erkennen kann, was ich da lese. Außerdem hab ich in der Zeitung gelesen, dass der *Playboy* zukünftig ganz auf nacktes Fleisch verzichten will. Kann das wirklich sein? Wie soll das denn bitte gehen. Das wäre ja wie ein Tag ohne Sonne und eine Nacht ohne Mond und Sterne. Die Frau am Tisch macht immer noch keine Anstalten, mit dem Lesen aufzuhören. Aber andererseits, in welcher Zeit leben wir denn! Und so schäme ich mich ein bisschen, dass ich mir solche spießigen Gedanken mache. Mit einem kleinen Seufzer setze ich mich möglichst weit entfernt von der Frau am Tisch und lese und blättere im *Playboy*. Ganz ohne Hemmungen, bitte, geht doch.

Und was sagt uns das?

Auch ein Ort der Ruhe schützt nicht vor unerwarteten Ereignissen.

KAPITEL FÜNF

LANGEWEILE MACHT KRANK

33

Wie ein zweiter Fernseher helfen kann

Wenn die Sonne sich im November bis zum März des nächsten Jahres hinter den Wolken versteckt und das restliche diffuse Licht um vier Uhr nachmittags überwechselt in Dunkelheit, es kein vernünftiges Fernsehprogramm gibt, kann ich mich wieder einem meiner Hobbys widmen: alte Filme auf DVD gucken.

Das Schöne an den alten Filmen ist, dass ich nicht enttäuscht werden kann. Im Gegenteil, je öfter ich sie sehe, umso besser werden sie für mich. Alles läuft so wie immer ab. Es gibt keine unangenehmen Überraschungen. Das passt nun wunderbar zu mir als Ruheständler, der unangenehme Überraschungen oder spontane Entschlüsse überhaupt nicht liebt. Alles soll so bleiben, wie es war, wie in den alten Filmen:

12 Uhr mittags (1952) ist so ein Film, den ich mir immer wieder ansehen kann. Gary Cooper als Sheriff Will Kane muss sich gegen alle Leute des Ortes durchsetzen. Am Ende steht er allein gegen vier Banditen. Zu schön. Klare Handlung, wunderbare Texte. Die Dialoge leise mitsprechen, aber nur so leise, dass meine Frau das nicht mitkriegt, sonst würde sie wieder sagen: »Mein Gott, was hast du denn nun wieder?«

So sagt einer der Banditen zu seinen Kumpanen, die am Bahnhof von Hadleyville um 12 Uhr mittags den Obergangster abholen wollen, um Kane zu erledigen: »Ah, ich wette mit dir, fünf Minuten nachdem Frank aus dem Zug gestiegen ist, ist Kane eine Leiche.«

Der Gangster Frank Miller wurde von Will Kane für fünf Jahre hinter Gitter gebracht. Der will sich nun an ihm rächen.

Oder das Gespräch mit der ehemaligen Geliebten von Will Kane mit dem dümmlichen Hilfssheriff:

»Du bist ein ganz hübscher Junge, du hast breite Schultern. Aber er, Will Kane, ist ein Mann. Um ein Mann zu sein, braucht man etwas mehr als breite Schultern, Harvey. Und du hast noch einen weiten Weg vor dir. Soll ich dir noch was sagen? Ich glaub kaum, dass du es jemals schaffst.«

Und Grace Kelly sagt zu Gary Cooper:

»Du verlangst von mir, eine Stunde zu warten, bis sich herausstellt, ob ich deine Frau oder deine Witwe bin?«

Ja, ja, das Land braucht eben gerade, aufrechte Männer oder Vorbilder, an denen man sich orientieren kann.

Ein weiterer Film für die Ewigkeit ist *Die Reifeprüfung* (1967) mit Dustin Hoffman als Ben Braddock.

Eine reife, verheiratete Dame, genial gespielt von Anne Bancroft, verführt Ben, eine männliche Jungfrau.

»Mrs Robinson, Sie versuchen doch jetzt, mich zu verführen, oder nicht?«

Die weitere Dramatik entsteht dadurch, dass Ben sich in die Tochter von Mrs Robinson verliebt und sie heiraten will.

An einer Stelle sagt Ben zu Mr Robinson:

»Sex mit Ihrer Frau war wie Händeschütteln.«

Und dazu die Musik von Simon & Garfunkel: *The Sound of Silence*. Nicht zu toppen.

Kann ich mir immer wieder ansehen und mich wieder jung fühlen wie damals 1967, als es einem erschien, dass das Leben ewig ist und alles um einen herum für mich gemacht war, wo man orientierungslos durch die Welt tanzte.

Der dritte Film in der persönlichen Hitparade ist *About Schmidt* (2002) mit Jack Nicholson als Warren Schmidt. Der Film erzählt von einem Ruheständler, der mit seinem Wohnwagen durch den grauen Mittleren Westen der USA fährt. Er will seine Tochter davon abhalten, ihren Freund zu heiraten, der aus der Sicht von Warren Schmidt ein absoluter Idiot ist. Die grauen, traurigen Landschaften passen zu seiner inneren Verfassung und zu seinen Haaren. Am Ende hält er dann doch die Hochzeitsrede für seine Tochter:

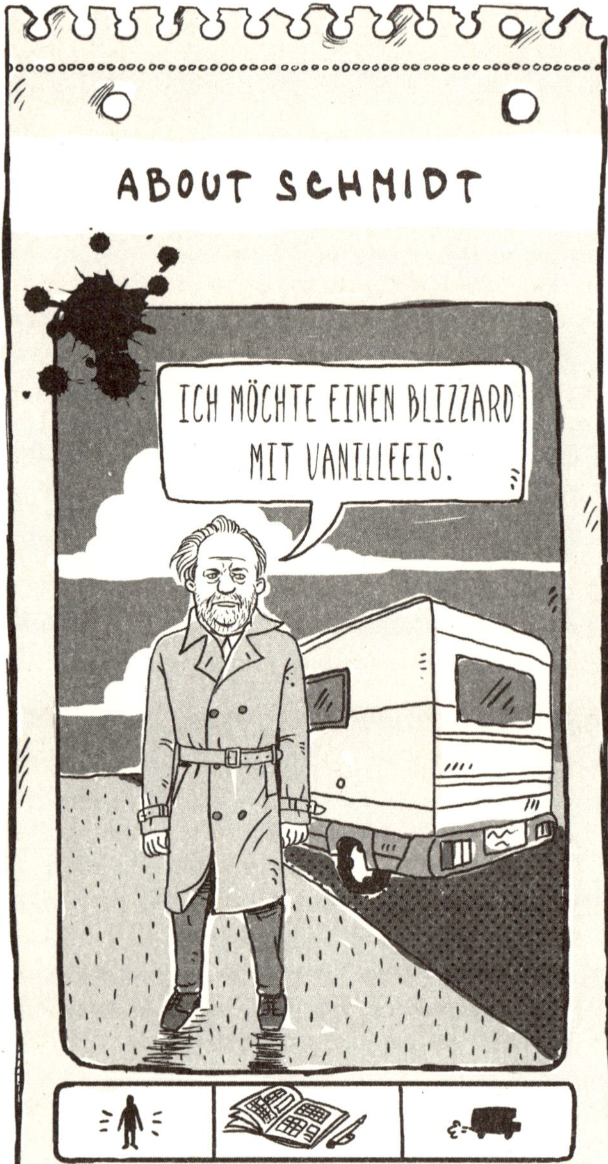

ABOUT SCHMIDT

»Diese ganzen Geschenke da drüben, die haben nicht die geringste Bedeutung. Und dieses Abendessen bedeutet genauso wenig. Und soziale Sicherheit oder die Pension haben ebenfalls keine Bedeutung, eine wirkliche Bedeutung hat die Erkenntnis, sein Leben etwas Sinnvollem gewidmet zu haben. Produktiv gewesen zu sein.«

Wieder zu Hause angekommen, bricht Warren in Tränen aus, weil er einen Brief aus Tansania von einer Ordensschwester bekommt, die dort sein Patenkind betreut. Da das Kind noch nicht schreiben kann, hat es ein Bild gemalt. Es sind wohl Freudentränen, die aus der Erkenntnis herrühren, dass er doch etwas Sinnvolles gemacht hat.

Das ist doch mal eine Botschaft.

Nächste Woche werde ich mir wohl wieder diese Filme ansehen. Diesmal vielleicht in anderer Reihenfolge.

Und was sagt uns das?

Der verheiratete Ruheständler braucht einen zweiten Fernseher. Der erste wird häufig durch *Bachelor*, *Germany's Next Topmodel*, *Let's dance* und *Tatort* von der Frau blockiert.

34

Wie der Ruheständler den Tag mit Musik bereichert

Musik war immer ein wichtiger Bestandteil meiner Lebensgestaltung. Das hat sich mit dem Eintritt in den Ruhestand nicht geändert.

Zu meinem Leidwesen bin ich nicht ausübender Musiker. Ich bin ein Musikkonsument, ein vornehmlich dem Gehörsinn zugeneigter. Und so begleiten mich die Lieder der Zeit. Klassische Musik beeindruckt mich kaum, dagegen die populäre umso mehr. Viele dieser Lieder haben über die Jahre Patina angesetzt. Sie haben ihren

Reiz verloren, trotzdem, wenn sie im Radio laufen, erinnere ich mich an längst vergangene Zeiten, was irgendwie was Tröstliches hat. Ein paar Lieder, die ich immer wieder hören muss, sind Lieder, die es nie in die offiziellen Hitparaden geschafft haben, aber dafür in meine persönliche. Um es mir besonders schwer zu machen, hab ich die Anzahl auf fünf begrenzt:

1. *Irish Heartbeat* von Van Morrison, 1987
Ich will gar nichts dazu sagen. Einfach reinhören, sich wieder erinnern oder entdecken.

Ist was für einen Ruheständler, der annäherungsweise weiß, worauf es ankommt.

2. *The Willy DeVille Acoustic Trio in Berlin* von Willy Deville, 2002
Willy DeVille in Hochform. Seine ausdrucksstarke, raue, rockige, schreiende Stimme klingt wie die eines bösen wilden Mannes. Dann plötzlich flüstert sie, haucht fast zärtlich weich die Songs ins Mikrofon. Sein Pianist Seth Farber und der Bassist David Keyes machen diese Session in Berlin zu einem Ereignis. Besonders nahegehend und zu genießen ist auf dieser CD:

Heaven Stood still.
»One dream of my life, one night in eternity
The wind whispers soft to me: Heaven stood still!«

Eben Musik für die Ewigkeit. Einem Ruheständler gefällt so was.

3. *Midnight Souvenirs* von Peter Wolf, 2010
Peter Wolf ist ein kaum bekannter, aber großartiger Rhythm-'n'-Blues-Interpret, der da weitergemacht hat, wo die Rolling Stones mal waren, bevor sie sich dann aber dem Mainstream zugewandt haben.

Auf der CD *Midnight Souvenirs* ist der Song enthalten: *The Green Fields Of Summer*. Den singt er mit Neko Case zusammen. Das machen die beiden so unaufgeregt, beiläufig und klug, dass einem ganz warm uns Herz wird. Wieder was für einen Ruheständler.

4. *Goats Head Soup* von den Rolling Stones, 1973
Auf dieser eher durchschnittlichen Rolling-Stones-CD ist ein besonders zu Herzen gehender Song:

Winter
»And the wind ain't blowin' from the South
It's sure been a cold, cold winter
And a lotta love is all burned out.«

Einer meiner Lieblingssongs, weil es den Stones gelingt, eine dichte melancholische Stimmung zu schaffen. Und Mick singt es so wunderbar einfühlsam, dass man schon fast den Winter spüren kann, aber auch die Hoffnung auf den Frühling hat. Der Ruheständler ist hin und weg.

5. *Identity Crisis* von Shelby Lynne, 2003
Lonesome
»Lonesome and blue.
My arms want to hold you,
In dreams that come true,
Lonesome, oh, where are you?«

Danke dir, Shelby, was hast du doch für eine großartige Stimme. Ja, okay, es ist nur ein Countrysong, na und? Dagegen kannst du doch den alten Frank Sinatra in der Pfeife rauchen. Obwohl, sein *It Was a Very Good Year* hätte es beinahe geschafft, unter die ersten Fünf meiner ewigen Hitparade zu kommen.

»When I was seventeen, it was a very good year
It was a very good year for small town girls

And soft summer nights
We'd hide from the lights
On the village green
When I was seventeen«

Der Ruheständler ist glücklich. Und was sagt uns das? Musik bereichert den Tag, auch wenn man sie nicht selbst macht.

35

Wie man jedem Tag eine Struktur gibt

Selbstverständlich hat jeder Tag eine »natürliche« Struktur. Aufstehen, Essen, Schlafen. Darüber brauche ich nicht nachzudenken. Aber was ist mit den vielen Stunden zwischendurch? »Carpe Diem!«, »Nutze den Tag«, ist leicht gelesen und so schwer gelebt. Natürlich könnte ich einfach den Sonnentag begrüßen, mich über den Regentag freuen, weil die Pflanzen Wasser brauchen, oder einfach über einen Anruf der Kinder begeistert sein, aber das bringt mir doch lange noch nicht einen erfüllten Tag.

Da braucht es Hilfe. Die kommt in Form eines Zufalls. Ich kaufe meine wöchentliche Ration Zigarillos bei meinem Tabakwaren/Zeitschriftenhändler. Auf dem Tresen liegt, um zum Kauf zu animieren, *Psychologie für den Alltag*. Auf dem Titelbild springt mich das zentrale Thema an: »Transaktionsanalyse und Timestructure«. Das alleine hätte mein Interesse nicht geweckt, aber der Untertitel spricht mich an. »Wie gestalte ich meinen Tag sinnvoll? Der Ruheständler und seine Probleme.« Kann ja nichts schaden. Das ist mir die fünf Euro und 70 Cent wert.

Erst am Abend, schon im Bett liegend, greife ich mir die bunten Psycho-Seiten. Meine Gattin grummelt: »Kannst du nicht endlich mal das Licht ausmachen?« Das ignoriere ich.

»Der Ruheständler und seine Probleme, wie gestalte ich meinen Tag?«, finde ich auf Seite 25. Ich überfliege den Artikel nur, mit Rücksicht auf meine Gattin, die sich noch hin und her wälzt und noch nicht in tiefen Schlaf gefallen scheint. Aber bei mir bleibt hängen, dass es äußerst wichtig wäre, bevor man beginnt, das Leben zu strukturieren, jedem einzelnen Tag eine »Time-Structure« zu geben. Da würde eine »To-do-Liste« sehr hilfreich sein. Klingt irgendwie einleuchtend. Die Zeitschrift zur Seite legend, nehme ich mir im Halbschlaf vor, den Plan am nächsten Tag anzugehen. Meine Gattin schnarcht inzwischen. Würde sie am nächsten Tag nie zugeben.

Am nächsten Morgen wache ich früh auf. Die »Liste« geht mir nicht aus dem Kopf. Im Bademantel setze ich mich nach dem Duschbad an den Wohnzimmertisch. Ein blanker DIN-A4-Bogen liegt vor mir. Der Tag will strukturiert werden. So ein weißes Blatt Papier fördert nicht die Kreativität. Wenn einem nichts einfällt, erst mal mit den feststehenden Eckpunkten beginnen. Aufstehen, Duschen, Zähneputzen, Frühstück, Mittagessen und Abendbrot stehen fest. Da bleibt mir ja nur noch, die Lücken zu füllen. Was kann und was muss gemacht werden? Ich versuche, alles zu sammeln.

- Den Rasen mähen
- Staubsaugen
- Wäsche waschen
- Sport treiben
- *Wer wird Millionär?* gucken
- Zur Vorsorgeuntersuchung gehen
- Freunde, die ich vernachlässigt habe, anrufen
- Keller, Boden und Stall aufräumen
- Die Kaffeemaschine entkalken
- Das Navigationsgerät updaten
- Zum Friseur gehen
- Die Bankauszüge abholen
- Die Winterreifen wechseln

- Einen Sehtest machen, um die neue Lesebrille zu bestellen
- Den nächsten Urlaub buchen
- Den Staubsauger reparieren lassen
- Termin beim Zahnarzt machen
- Das Geburtstagsgeschenk für die Tochter besorgen

Ich merke, dass ich noch endlos weitermachen könnte. Aber was ich in den zehn Minuten aufgelistet habe, macht mir schon deutlich, dass ich an einem Tag überfordert wäre. Wie hab ich das alles nur geschafft, als ich noch gearbeitet habe? Alles auf einmal geht gar nicht. Eine Liste muss her, um den heutigen und die nächsten Tage zu planen. Wenn ich mir die Auswahl so anschaue, fällt mir auf, dass es eine Liste von Pflichten ist. Alles tut irgendwie weh. Wo ist da das lustvolle »To-do?« Bleibt nur *Wer wird Millionär?*, aber das gibt es nur heute. Ich traue mich trotzdem an die Planung des heutigen Tages, um »Time-Structure« zu trainieren.

Um mich in die Pflicht zu nehmen, versuche ich es mit einer Aufgabenliste, die genaue Zeiten vorschreibt. Ich treffe eine Auswahl nach dem Prinzip, was am wenigsten wehtut. Der Stift wird wieder gezückt.

- Um zehn Uhr die Kaffeemaschine entkalken. Braucht wohl nur eine dreiviertel Stunde.
- Zur Bank fahren, um die Bankauszüge abzuholen. Wenn man schon in der Stadt ist, kann man ja auch gleich einkaufen.
- Nach dem Mittagessen den Rasen mähen.
- Recherche im Internet, um den nächsten Urlaub zu buchen.
- Abendbrot.
- *Wer wird Millionär?*

Na bitte. Schon wären fünf Punkte meiner To-do-Liste abgehakt.

Meine Gattin ruft. »So ein tolles Wetter heute. Wollen wir nicht einfach mal eine Fahrradtour machen?« Weil ich weiß, dass das nur eine rhetorische Frage ist, stelle ich befriedigt fest, dass zumindest der Punkt »Sport treiben« erfüllt wird.

Und was sagt uns das? Du kannst so viel planen, wie du willst. Es kommt immer anders.

36

Wie auch ungeliebte Arbeiten befriedigen können

Nach dem Frühstück schlage ich die Tageszeitung auf. In der Rubrik »Aus aller Welt« stoße ich auf eine skurrile Nachricht:
Wer ist die Frau? Mann nach Albtraum verwirrt! Hohberg. Weil er seine neben ihm liegende Frau für einen Einbrecher gehalten haben will, hat ein Mann in Baden-Württemberg mit seinen Schreien die Nachbarschaft alarmiert. Die rief die Polizei, die Beamten gingen in der Nacht zu Mittwoch in Hohberg von Haus zu Haus, um dem Verbrechen auf die Spur zu kommen. Das Ehepaar konnte die mysteriösen Hilferufe erklären: Der 33-jährige Mann hatte einen Albtraum und erkannte beim Aufwachen nicht sofort seine zwei Jahre jüngere Frau. Daraufhin habe er in seiner Angst geschrien. (*Hamburger Abendblatt*, 9. Juli 2015)

Ich muss lächeln. Ist doch wirklich zu komisch. Das muss ich meiner Gattin vorlesen. Aber irgendwie fängt mein Gehirn an zu rattern. Was wäre, wenn die Rollen vertauscht wären?

Meine Gattin wacht schreiend neben mir auf und gibt als Begründung an, dass sie mich nicht erkannt hätte.

Da besteht Handlungsbedarf. Damit so etwas nicht passiert, sollte ich vielleicht den häuslichen Pflichten besser nachkommen.

Der Garten ruft.

Nach Monaten, in denen ich wegen des Winters keinen Handschlag im Garten machen musste, hatte das Wachstum im Frühjahr leider wieder eingesetzt. Im Mai streute meine Gattin nach dem Frühstück die Bemerkung ein, dass ich als Ruheständler mich doch mal um den Garten kümmern könnte. Ich überhörte das geflissent-

lich. Im Juli aber dann erreicht mich der Warnruf der Zeitung. Ich mache eine Begehung. Das Erste, was sich bei mir breitmacht, ist die Skepsis, ob ich das hohe Gras mit dem Rasenmäher noch kürzen kann. Na ja, eine Sense habe ich ja auch noch. Nur fraglich, ob ich damit umgehen kann. Der Efeu bedeckt die hintere Hausfront und wuchert in der Dachrinne weiter. Die Buchenhecke zum Nachbarn hat die 2,50-Meter-Höhe erreicht. Ein Wunder, dass der sich noch nicht beschwert hat. Der in Schwerstarbeit mit Feldsteinen gepflasterte Weg ist, von Gras überwuchert, kaum noch zu erkennen.

Ich kann nicht alles auf einmal machen. Ich muss Prioritäten setzen. Ich entscheide mich fürs Rasenmähen. Das wird meine Gattin als Erstes wahrnehmen. Ich ziehe den motorgetriebenen Rasenmäher aus dem Stall. Dass ich den Schlüssel für den Stall gefunden habe, ist ein kleines Wunder. Ich hatte ihn vor dem Winter auf dem Stalldach abgelegt. Unter zehn Zentimeter Tannennadeln habe ich ihn ertastet. Der Rasenmäher hat glücklicherweise keinen Elektrostarter. Sonst würde mir die Batterie wegen des Winters Sorgen machen. Nach dem Ziehen der Startleine tut sich nichts. Ich versuche es noch ein paar Mal. Die Kraft lässt nach. Nach dem Säubern der Zündkerze klappt es endlich. Ich entscheide mich für das Rasenstück vor dem Haus. Das wird meiner Gattin als Erstes ins Auge fallen. In Anbetracht der Grashöhe stelle ich den Mäher auf die höchste Stellung ein. Trotzdem bewegt er sich nur widerwillig vorwärts. Hin und wieder bleibt mal ein Löwenzahn stehen. Nach getaner Arbeit sieht die Fläche sehr gefällig aus. Das liegt wohl auch an dem vielen Moos, das man jetzt erkennen kann. Gibt ein saftiges Grün ab. Begeistert schaue ich mir mein Halbstundenwerk an. Ich rufe meine Gattin in der Erwartung, Belobigung zu erfahren. Sie schaut sich den Rasen an und presst nur ein »Na endlich« hervor. Da muss ich mich wohl unverzüglich an das viel größere, hintere Rasenstück machen. Die Angst, dass meine Gattin eines Morgens schreckerfüllt neben mir aufwachen könnte, lässt mich unverzüglich weiterarbeiten. Nach einer weiteren Stunde Rasenmähens weicht die Angst der Gier nach einem kalten Bier. Als Anti-Macho bitte ich natürlich nicht meine Gattin, mir das Bier zu bringen, sondern schleiche mich in die Küche und werde im Kühlschrank fündig.

Auf der Gartenbank sitzend, genieße ich das Malz-Gesöff und ergötze mich an dem Tagewerk, das nur zwei Stunden in Anspruch genommen hat. Es bleibt noch viel zu tun, aber morgen bin ich ja auch noch im Ruhestand.

Und was sagt uns das?

Auch ungeliebte Tätigkeiten können befriedigen.

37

**Wie man, ohne Sinnvolles zu tun,
einen sinnerfüllten Tag genießen kann**

Meine Gattin weilt seit gestern bei meiner Schwiegermutter. Sie wird erst morgen wiederkommen. Verabschiedet hat sie sich mit den um Verständnis bittenden Worten »Wer weiß, wie lange noch«. Damit bin ich ohne Verpflegungsdienst. Den ganzen Tag. Ich muss mir etwas einfallen lassen, denn ich habe keine Lust auf Selbstverpflegung.

Um zehn Uhr stehe ich auf und dusche. So spät ist nicht meine übliche Zeit, aber ich bin erst um halb zwei ins Bett gekommen. Sonst darf ich ja nicht, aber ich habe mir im Fernsehen *Schlag den Raab* bis zum Ende angesehen. Es ging immerhin um drei Millionen Euro. Aber zum Schluss hat der »Raabinator« seine Konkurrentin wieder besiegt.

Strahlendblauer Himmel. Das Außenthermometer zeigt 22 Grad. Ich entschließe mich, das Auto stehen zu lassen. Durch den Ort flanierend, strebe ich das erste Ziel an. Im »Remember« bieten sie ein reichhaltiges, günstiges Frühstück an.

Auf der Terrasse sitzend bestelle ich das »Von allem etwas- Frühstück« für 7,50 Euro. Ein Latte macchiato ist im Preis enthalten. Da kann ich mir ja sogar noch einen frisch gepressten Orangensaft leisten. Ich freue mich auf ein schönes, gedankenverlorenes Frühstück.

Kaum habe ich die Tasse mit dem Milchkaffee an die Lippen geführt, haut mir jemand so auf die Schulter, dass es ein Wunder ist, dass ich nichts verschütte. »Hallo, altes Haus!« Die Stimme kommt mir bekannt vor. Ich brauche mich gar nicht umzudrehen, denn schon steht er vor mir. Klaus-Peter. Meine Freude ist verhalten. Bei Klaus-Peter kommt man selten zu Wort. Aber ich brauche mir gar keine Gedanken darüber zu machen, ob ich ihn an den Tisch bitte, denn er hat sich bereits einen Stuhl herangezogen. »Na, wie geht's denn so im Ruhestand?« Ohne eine Antwort abzuwarten, textet er mich weiter zu: »Ich hab ja noch drei Jahre, hab heute aber frei. Ich zähle jeden Tag. Bringt mir keinen Spaß mehr, die Arbeit. Muss toll sein wie bei dir. Immer frei zu haben. Ich wüsste schon, was ich mit der vielen freien Zeit anfangen würde.«

So geht das noch eine viertel Stunde weiter, bis er aufspringt und mir mitteilt, dass es schön gewesen sei, mal wieder mit mir gequatscht zu haben. Mit einem lässigen »Wir sehen uns« verabschiedet er sich. Trotz dieser Drohung lasse ich mir das inzwischen erkaltete Rührei schmecken.

Nach dem Bezahlen der Rechnung stelle ich fest, dass es schon nach zwölf ist. Da könnte ich ja mal beim Feinkosthändler vorbeischauen. Neben allen möglichen Delikatessen hat der auch immer die neuesten Weine im Angebot. Zum Probieren.

Ich habe Glück. Der Inhaber von »Pflaumes Köstlichkeiten« begrüßt mich persönlich. Er kennt mich. »Na, mal die Neuigkeiten verköstigen?« Ohne mein »sehr gerne« abzuwarten, hat er schon drei Flaschen auf dem Probiertisch.

Ich verkoste einen Bio-Riesling, einen Rioja und einen mir bis dahin unbekannten Rotwein mit dem Namen »Salbonello«. Ich bin begeistert. Auf die Frage von Herrn Pflaume, wie viele Kartons es denn sein sollen, antworte ich, seine Begeisterung dämpfend, ich sei zu Fuß. Herr Pflaume mokiert sich nicht, denn er schätzt mich als guten Kunden.

Auch wenn das Frühstück noch nicht lange her ist, macht mich der Alkohol hungrig. Was Kleines, aber richtig Herzhaftes wäre schön. Mein Italiener, das »Casa Grande«, hat auch mittags schon geöffnet. Auf dem Weg dorthin hält mich ein kleiner Plausch mit meinen Nachbarn auf. Zum Italiener wollen sie aber nicht mitkommen, denn sie müssen noch ihren Kleinen vom Kindergarten abholen.

Alberto begrüßt mich wie einen alten Freund: »Dottore, wie geht es Ihnen?« Wie ich zu dieser Anrede gekommen bin, weiß ich immer noch nicht. Wahrscheinlich habe ich immer zu viel Trinkgeld gegeben. Bevor er mir die Tageskarte reicht, äußere ich meinen Wunsch. »Alberto, ich möchte nur ein Pizza-Brot mit Olivenöl, Tomaten und ein bisschen Schafskäse.« Alberto nimmt meine Kleinstbestellung gelassen hin, schlägt mir aber dazu einen Soave als Wein des Hauses vor. Ich lasse mich überreden.

Ich genieße. Kein Mensch stört mich. Ich bezahle wieder mit einem viel zu üppigen Trinkgeld, weil mir der Preis für das Pizzabrot viel zu niedrig erscheint. Alberto umarmt seinen »Dottore« mit herzlichen Grüßen an die Gattin und die »Bambini«. Dass die inzwischen fast 30 und schon lange aus dem Haus sind, scheint ihm bei seinem Phrasen-Abschied egal zu sein.

Das »Casa Grande« verlassend, stelle ich nicht nur fest, dass der frühe Nachmittag gekommen ist, sondern, dass nach dem Weinverzehr ein kleiner Gang guttäte. Durch den Ort flanierend, ruft mich meine Gattin auf dem Handy an. Auf ihre Frage, was ich mir denn zu essen gemacht hätte, antworte ich nur indifferent, dass ich noch nicht so richtig Hunger hätte. Das scheint sie zu beruhigen. Mit schönen Grüßen an meine Schwiegermutter verabschiede ich mich.

Weit komme ich nicht, denn das »Café Wien« kreuzt meinen Weg. Ein Relikt aus den 50er-Jahren. Plüschsofas und alte Schwarz-Weiß-Fotografien prägen das Interieur. Ich bestelle ein Kännchen

Kaffee und ein Stück Kuchen, das ich mir am Tresen selbst aussuchen darf. Ich entscheide mich für ein Stück Erdbeer-Baiser-Torte. Köstlich. Ich lasse mir Zeit. Warum nicht nutzen, was man hat? Ein Blättern in den ausliegenden Zeitschriften lässt die Zeit wie im Flug vergehen. Ein Blick auf die Uhr sagt mir, dass es schon nach fünf ist. Das ist ja fabelhaft, da hat mein Grieche ja schon geöffnet. Ich mache mich auf den Weg.

Im »Philoxenia« sind im Außenbereich noch Plätze frei. Ich entscheide mich für einen Tisch in der Nähe des Eingangs. Da hat man einfach schneller Kontakt zur Bedienung, wenn man eine Bestellung aufgeben will. Sophia, die Tochter des Wirts, begrüßt mich herzlich. Gehört sich ja auch so für einen Stammkunden. Die Speisekarte benötige ich nicht. Als Vorspeise bestelle ich »Feta Saganaki«. Schmeckt einfach zu gut, dieser überbackene Schafskäse. Außerdem gelüstet mich nach Fisch. Meine Frage an Sophia, ob Dorade im Angebot sei, beantwortet sie nach Rücksprache mit der Küche positiv. Die Frage nach den Getränken wird nicht gestellt. Wasser und ein halber Liter griechischer Rosé werden wie selbstverständlich auf den Tisch gestellt. Man kennt mich.

Nach der Dorade gesellt sich Christos, Inhaber, Koch und Wirt in einem, zu mir. Der größte Ansturm ist vorbei, und er hat Lust auf einen Plausch. Nach kurzem Vorgeplänkel landen wir natürlich bei der griechischen Politik. Da ist keine Einigkeit herzustellen. Die Diskussion zieht sich. Der Rosé muss nachbestellt werden. Es wird dunkel, aber Christos vergisst nicht, mir Loukomades (Honigbällchen) und einen Metaxa zukommen zu lassen. Nicht einig, aber irgendwie froh gestimmt verabschiede ich mich und mache mich auf den Weg nach Hause. Ich bin froh, dass ich zu Fuß bin.

Selbst für ein paar Zeilen im spannenden Krimi reicht es nicht mehr. Die nötige Bettschwere ist vorhanden.

Und was sagt uns das?

Auch wenn man nichts »Sinnvolles« getan hat, darf man einen sinnerfüllten Tag genießen.

38

Wie man beim Einkauf sparen kann – zumindest theoretisch

Beim Frühstück. Meine Gattin spricht den bedeutungsschweren Satz: »Wir sollten miteinander reden.« Bei mir gehen alle Alarmglocken an. »Wir müssen über unser Geld sprechen. Wir müssen irgendwie sparen. Wir haben durch deinen Ruhestand doch einiges weniger zur Verfügung.«

Ich gönne mir eine Gedankenpause. Könnte nicht gut ankommen, wenn ich die Kosten für den Friseur und die Unterstützung für die Kinder ins Spiel bringen würde. Schweigen zahlt sich aus. »Wir müssen irgendwie sehen, dass wir beim Einkaufen, dem Strom, dem Wasser und der Heizung sparen.« Das findet sofort meine Zustimmung, weil es meine persönliche Ausgabenliste nicht direkt berührt.

Da hab ich mich aber geirrt. Beim Thema Einkauf kommt sie sehr schnell auf meinen Wein- und Zigarillokonsum. Ich finde, dass sie übertreibt, und kann mir nicht verkneifen zu bemerken, dass ihre 15-minütigen morgendlichen Duscharien ja wohl auch übertrieben seien. Bevor wir uns weiter mit gegenseitigen Vorwürfen überschütten, muss ich erst einmal vor die Tür und eine rauchen. Ich denke nach. Man könnte vielleicht ja auch sparen, indem man größere Mengen einkauft. Richtig große Mengen, sodass man über die Rabatte sparen könnte.

Mir kommt Loriot in den Sinn: *Pappa ante portas*. Darin wird Loriot als Heinrich Lohse wegen einer übertriebenen Sparmaßnahme in den Vorruhestand versetzt. Man muss im Großen denken, um wirklich zu sparen.

Ich bin der Mann für diese Ideen, denn ich habe Freunde.

Helmut ist im Erdgasgeschäft tätig. Nicht als Techniker, sondern als Händler. Er handelt mit Firmen und Staaten um Lieferungen im

Zig-Millionen-Bereich. Er klärt mich auf, wie das mit den Tankern, beladen mit Flüssiggas, so läuft. Ist interessant, aber viel interessanter sind die Forward-Geschäfte, von denen er berichtet. Man kann wirklich Gas für viele Jahre einkaufen. Wenn das keine Idee ist. Da wird der Nachbar mit seinem lächerlichen Öltank aber staunen. Wenn der Glück hat und die Preise gerade im Keller sind, kann er sich einen Vorrat für ein Jahr einkaufen.

»Du könntest glatt Gas zum heute sehr niedrigen Preis einkaufen, und das würde für sechs Jahre reichen.« Meine sofort geäußerte Begeisterung erhält aber einen kleinen Dämpfer. »Du brauchst natürlich einen 20-000-Liter-Tank, der das Flüssiggas auf minus 160 Grad hält, und noch ein Gerät, das den Vorrat wieder in Gas umwandelt.«

Dürfte ja wohl nicht so teuer sein.

Von Stolz über meine Kreativität beseelt, gehe ich zurück und berichte meiner Gattin von meinem Sparvorschlag. Statt der erwarteten Begeisterung begegnet mir Schmallippigkeit. Ob ich denn noch alle Tassen im Schrank hätte, fragt sie mich mit diesem eiskalten Unterton, der bei mir keine guten Gefühle auslöst.

»Wo, bitte schön, willst du denn dieses Ungetüm von Tank aufstellen oder einbuddeln? Und weißt du, wie viel du einsparst? Die nötigen Investitionen dürften die Einsparungen bei Weitem übersteigen. Die betrügen doch wohl mindestens 20.000 Euro. Das soll sich rechnen?«

Sie hat wohl recht.

Und was sagt uns das?

Neue Ideen zu entwickeln hält jung. Sie müssen nicht immer zum Ziel führen.

39

Wie man nicht aufhört, Neues zu probieren

Die Tage sind zwar gefüllt, aber mich beschleicht das unangenehme Gefühl des Alltagstrotts. Man müsste mal wieder etwas ganz Neues ausprobieren, um Spannung in den Tag zu bringen. Wieder mal bringt mich die Kreativität meines Stammtisches auf die Spur. Werner, passionierter Gitarrespieler, schlägt vor, sich an seinem Musikinstrument zu versuchen.

Das habe ich vor Jahrzehnten schon mal versucht. Die Jungs, die in abendlicher Runde gekonnt zur Klampfe greifen konnten, hatten bei den Mädchen einen enormen Vorsprung. Um den wettzumachen, musste ich mich schon gehörig ins Zeug legen. Eine Gitarre wurde angeschafft und mit Hilfe eines Lehrbuches fleißig geübt. Es dauerte eine Zeit, bis sich auf den Fingerkuppen die nötige Hornhaut gebildet hatte. Noch länger dauerte es, bis ich die ersten Griffe beherrschte. Ich blieb eisern dabei, aber mit den Fingern der linken Hand die Saiten in den entsprechenden Bünden zu greifen, war die eine Sache, aber das Plektron im entsprechenden Rhythmus über die Saiten zu streichen, die andere. Irgendwann musste ich mir meinen Mangel an Talent eingestehen.

Die Gitarre liegt auch heute noch in einer Abseite auf dem Boden. Aber noch mal will ich solch eine Niederlage nicht erleben. Die Idee mit dem Instrument finde ich gut, aber das muss ein echter Neustart werden. Der richtige Einfall wird schon kommen.

Ich bin mal wieder beim Aufräumen. Die nächste Schublade ist dran. Eine Kindertröte fällt mir in die Hand. Die hat sich mein Sohn einmal gewünscht, als wir einen Jahrmarkt besuchten. Das nervige Getute habe ich noch heute in den Ohren. Aus Spaß blase ich hinein. Klingt genauso, wie ich es in Erinnerung hatte. Aber irgendetwas schwingt bei mir bei den Tönen mit. Dann weiß ich, was es ist, und es macht »klick« bei mir. Saxofon. Das ist das Instrument, dessen Klang bei mir die intensivsten Gefühle auslöst. Egal, welche Musik.

Erfreut, dass der Findungsprozess ein Ende hat, informiere ich meine Gattin. Erstaunlicherweise äußert sie keine Skepsis. Sie ist einfach nur hoffnungsvoll, dass so ein Projekt meine Laune bessert.

Wie es so meine Art ist, plane ich nicht lange. Mit Euphorie und Naivität suche ich nach kurzem Anzeigenstudium einen auf Blasinstrumente spezialisierten Musikladen auf. Die Regale sind voll von silber- oder mattgoldglänzenden Objekten meiner Begierde. Der Verkäufer hört sich mein Anliegen an und hakt nach.

»Wollen Sie kaufen oder mieten?« Er kommt meiner Frage nach den Kosten zuvor. »Der Verkaufspreis für ein Saxofon beginnt bei 1.500 Euro. Der Mietpreis liegt bei 60 Euro im Monat.«

»Na ja, ich bin absoluter Anfänger und will das erst mal ausprobieren. Da kommt nur Mieten infrage.«

Dem Verkäufer ist netterweise keine Enttäuschung anzumerken. Wahrscheinlich ist der Profit bei einem Leihinstrument auch nicht schlecht.

»Was für ein Saxofon haben Sie sich denn vorgestellt?«

»Wie, was für ein Saxofon? Gibt es denn so große Unterschiede bei diesen Blechblasdingern?«

Ich werde aufgeklärt. Nicht in belehrendem, herablassendem Ton, sondern mit Sendungsbewusstsein.

»Saxofone sind keine Blechblasdinger. Sie sind aus Messing und haben im Mundstück ein Rohrblättchen. Deshalb gehören sie zu den Holzblasinstrumenten. Und ich habe deswegen nachgefragt, weil es bei Saxofonen zwölf verschiedene Größen gibt. Ich würde Ihnen ein Tenorsaxofon empfehlen. Das ist handlich und liegt in der Tonlage im Mittelfeld.«

Meine Entscheidung ist schnell getroffen. Ich folge seinem Rat. Mit einem gewissen Stolz, ein schwarzes Köfferchen tragend, verlasse ich den Laden.

Zu Hause öffne ich mit nicht geringer Ehrfurcht das Köfferchen. Hat schon eine eigene Ästhetik, so ein Saxofon. Vorsichtig nehme ich das Instrument in die Hand und schaue verblüfft in eine offene Röhre. Ich bin aber auch blöd. Ich finde im Köfferchen das Mundstück. Das Rohrblättchen ist zum Glück schon eingeschraubt. Ich hätte nicht gewusst, wie man das macht. Ich schiebe das Mundstück über die obere Öffnung, hänge mir das Gerät um den Hals, umschließe mit meinen Lippen die Spitze des Mundstücks und blase hinein. Meine Erwartung ist nicht etwa, jetzt einen sonoren, dem Saxofon so eigenen Ton zu vernehmen, aber irgendein Geräusch wird schon zu vernehmen sein. Trotz meiner geringen Erwartung werde ich enttäuscht. Gar nichts erklingt. Nochmalige Versuche sind genauso erfolglos.

Meine Gattin betritt das Zimmer. Sie möchte doch mal sehen, was ich mit nach Hause gebracht habe. Noch hat sie keine Ahnung, wie nervtötend ein Saxofon klingen kann. Nur so lässt sich ihre Hilfsbereitschaft erklären. Oder sie will mal wieder nur beweisen, dass mein Intelligenzquotient von dem einer einzelligen Amöbe nicht weit entfernt ist. Sie schaut sich meinen neuen Halsschmuck nur kurz an, um dann trocken zu bemerken: »Dreh doch mal das Ding da oben um 180 Grad. So beißt du ja mit den Vorderzähnen auf das Stück Holz. Wie soll denn da ein Ton rauskommen?«

Ich verzichte darauf, sie zu belehren, dass es sich bei dem Ding da oben um ein Mundstück handelt und das Stück Holz ein Rohrblättchen ist. Wäre schon peinlich genug, wenn sie recht hätte. Die Lippen über dem Mundstück geschürzt, unternehme ich einen weiteren Versuch. Ein Ton, es erklingt ein Ton. Der ist zwar schrecklich und ähnelt dem Geschrei, das ein herumstreunender Kater von sich gibt, aber es ist ein Ton. Meine Gattin scheint zu ahnen, was in den nächsten Wochen auf sie zukommt, und verlässt, ohne auf meinen Dank zu warten, das Zimmer.

Noch eine halbe Stunde probiere ich, Besseres zu produzieren. Ohne großen Erfolg. Ich brauche Hilfe, denn schließlich gilt es nicht nur, die Feinmotorik der Mundmuskulatur zu schulen, sondern das Ding hat auch noch verdammt viele Tasten.

Ich nehme Unterricht bei einem Saxofonlehrer. Der macht das richtig toll. Er mokiert sich nicht über meine langsamen Fortschritte, sondern lobt, wenn es denn was zu loben gibt. Er ist sein Geld wert.

Nach Wochen, in denen ich fleißig geübt habe, entwickelt sich bei mir das Gefühl, dass ich dem Stammtisch berichten kann, dass ich Saxofon spiele. Dass ich die Übungszeiten mit meiner Gattin abgestimmt habe, damit sie das Haus verlassen kann, lasse ich unerwähnt. Werner kommt auf die grandiose Idee, dass man doch mal zusammen spielen könne.

»Weiß nicht, ob ich schon so weit bin«, sage ich. Das lässt er nicht gelten. Schon am nächsten Tag steht er mit seiner Gitarre vor der Tür. So überrumpelt, kann ich mich nicht wehren. Wir einigen uns auf *House of the Rising Sun*. Trotz einiger verblasener Töne bin ich begeistert. So eine Freude habe ich lange nicht empfunden. Und Werner, ganz einfühlsamer Kumpel, lässt mich meinen Dilettantismus nicht spüren. Im Gegenteil. Wir probieren noch einiges aus. Das bringt einfach Spaß.

Meiner zurückgekehrten Gattin teile ich meine Begeisterung mit. Ihrer Bemerkung »Dann haben wir ja zukünftig zu Weihnachten richtige Hausmusik« unterstelle ich in meiner Euphorie keine Ironie.

Und was sagt uns das?

Nicht aufhören, etwas Neues zu probieren. Nur die Angst vor dem Scheitern ist ein Versagen.

40

Wie man Langeweile auch verhindern kann

»Sag mal«, meine Gattin spricht mich mit diesem gewissen Unterton an, der andeutet, dass sie wieder eine Beschäftigung für mich gefunden hat. Merkwürdig, dass ich mich gar nicht unterbeschäftigt fühle. Merkwürdig auch, dass alle ihre letzten Vorschläge mit Hobbys zu tun hatten, die aushäusig betrieben werden. Ich komme gar nicht dazu, über diese Tatsache weiter nachzudenken, denn sie fährt fort. »Du bist doch früher mit den Kindern öfter angeln gewesen. Würde dich das denn nicht mehr reizen?« Ich staune verbal nicht darüber, dass so ein Vorschlag von einer passionierten Vegetarierin kommt, sondern bekunde, darüber nachdenken zu wollen.

Das mit dem Angeln ist lange her, aber ich kann mich gut an die mit nichts vergleichbare Stimmung erinnern, wenn wir gemeinsam am Angelsee gesessen haben. So schlecht ist die Idee meiner Gattin nicht. Ich lasse die Motive, die sie zu diesem Vorschlag veranlasst haben, mal beiseite. Sie hat sicher nur an mein Wohlbefinden gedacht.

Vom Angeln an und für sich habe ich eigentlich keine Ahnung. Bevor ich mich für diesen Sport entscheide, muss ich ja zumindest wissen, wo und wie man angeln kann und welche Ausrüstung man benötigt. Ich mache mich auf die Suche im Internet. Da ich mich nie mit dem Thema beschäftigt habe, überrascht mich die Vielfalt der Beiträge, und die Popularität habe ich auch unterschätzt. Alleine in den USA gibt es angeblich drei Fernsehsender, die sich 24 Stunden am Tag dem Angelsport widmen. So dicke muss ich es nicht gleich haben. Ich lerne, dass man nicht nur an irgendeinem Teich die Rute auswerfen kann, sondern auch mitten in der Stadt, zum Beispiel an der Außenalster in Hamburg, im Rhein bei Düsseldorf oder in der Isar in München.

Fliegenfischen scheint eine ganz besondere Kunst zu sein. Faszinierend, wie die mit Wathosen bekleideten Jäger, im seichten

Wasser stehend, die Angelschnur in schwungvollen Achterkurven durch die Luft gleiten lassen.

Die hoch technisierten Hochseefischer sitzen dagegen angeschnallt im Heck einer Motorjacht auf einem komfortablen Ledersessel. Ihr Ziel sind die ganz großen Fische. Sie ringen manchmal stundenlang mit ihren Opfern, so wie Ernest Hemingway es in *Der alte Mann und das Meer* beschrieben hat.

Breiten Raum nehmen die Werbseiten der unzähligen privaten Angelteiche ein. Wenn sie nicht häufig in der direkten Nachbarschaft von Autobahnen lägen, wären sie durchaus reizvoll. Enttäuscht stelle ich fest, dass man an vielen Binnengewässern einen Angelschein benötigt. Eine Ausnahme bildet das Hochseeangeln in der Nord- und Ostsee.

Die Informationen zum benötigten Material überfordern mich. Was weiß ich von den verschiedenen Längen und Stärken der Rute, den Sehnensorten, den künstlichen oder natürlichen Ködern und den Rollen, auf denen die Sehne aufgespult wird. Ich will angeln ohne wissenschaftlichen Anspruch. Außerdem wird mir ganz schwindlig, wenn ich an die notwendigen Investitionen denke. Daran hat meine Gattin bestimmt nicht gedacht.

»Dir ist schon klar, dass das mit einigen Kosten verbunden ist, oder? Nicht nur die ganzen Angeln und Zubehör, ich brauche auch hohe Gummistiefel und Wathosen und so weiter.«

»Gummistiefel und Wathosen? Was soll das denn sein? Im Watt kannste doch nicht angeln, höchstens Würmer ausbuddeln. Da brauchst du keine besondere Hose!«

Beim Scrollen durch die Seiten springt mich eine Werbung besonders an: »Mit dem Fischkutter hinaus auf die Ostsee. Fette Makrelen warten auf Sie. Die Ausrüstung wird gestellt. Ein Angelschein ist nicht nötig. Bei uns hat noch jeder was gefangen.«

Das muss ich sacken lassen. Erst mal auf die Couch legen, um den verdienten Nachmittagsschlaf zu halten. Nicht immer ereilen mich dann Träume, aber heute trifft es mich. Ich stehe mit der

Angelrute in der Hand an Bord eines Kutters. Fisch auf Fisch ziehe ich aus dem Wasser. Der neben mir stehende Eimer ist schnell gefüllt. Der Schiffsführer sorgt für weitere Behälter. Wie im Rausch sind schnell zehn Eimer voll mit Dorschen. Zu Hause angekommen, ignoriere ich den erschrockenen Gesichtsausdruck meiner Gattin und unterbreite ihr sofort meine geniale Geschäftsidee. Ein Räucherofen muss gebaut werden, und mit ein bisschen Werbung werden uns die Leute die Fische aus der Hand reißen. Die Frage meiner Gattin, ob man denn Dorsche räuchern könne, kann ich nicht mehr beantworten. Der Traum ist zu Ende.

Nachdem ich zu mir gefunden habe, teile ich meiner Gattin mit, dass ich morgen auf Angeltour an die Ostseeküste fahren würde. Bei ihrer Feststellung, dass ich dann ja den ganzen Tag nicht zu Hause sei, fehlt mir der bedauernde Unterton.

Im Eckernförder Hafen angekommen, finde ich die »Aldebaran«. Ein großes Schild wirbt für Angelfahrten. Nächste Tour startet um elf Uhr. Auf meine Anfrage teilt mir der Kapitän mit, dass noch ein Platz frei sei, und nach dem Geldtransfer in Höhe von 50 Euro dürfe ich den Kutter betreten.

Nach einer Stunde Fahrt hinaus aus der Förde, einem Bier und einem Brötchen mit Kieler Sprotten erreichen wir die Angelgründe. Er bemerkt meine Unbeholfenheit, weil mich das offensichtlich von den neben mir stehenden Anglern unterscheidet. Nach seinen Anweisungen stelle ich mich aus eigener Wahrnehmung gar nicht so blöd an. Zumindest gelingt es mir, die Angel so auszuwerfen, dass der Haken nicht mit dem Nasenloch meines Nachbarn in Konflikt kommt. Allmählich merke ich, dass mir das Auswerfen der Angel immer besser gelingt. Es fängt an, mir Spaß zu machen. Das Beobachten des Schwimmers, wie er im Wasser tänzelt und auf- und absteigt, entwickelt in mir eine entspannte Spannung. Nach geraumer Zeit höre ich neben mir ab und an ein begeisterndes »Ja!«. Die Eimer meiner Mitangler füllen sich. Nach einer Stunde hole ich mir noch ein Bier und ein Krabbenbrötchen. Nach zwei weiteren Stunden ist die Angelzeit beendet. Auf See ist es zwar schön, aber Frust über den Misserfolg ist da. Der Kutter fährt zurück. Ein weiteres Bier und ein Matjesbrötchen trösten mich, und langsam begreife ich, wie der Kapitän sein Geld verdient. Seine Abschiedsworte »Anfängerglück kann jeder haben« treffen ins Leere.

Ich gehe von Bord und zum nächstgelegenen Fischladen.

Und was sagt uns das?

Verschiedene Freizeitaktivitäten testen, bis etwas Passendes gefunden ist.

41

Wie man guten Ratschlägen widersteht

»Papsi, schaff dir doch einen Hund an. Das ist gut für dich. Dann hast du immer deine Bewegung, und wenn ich mal da bin, kann ich ihn dir doch auch mal abnehmen«, sagt meine Tochter.

»Bist du wahnsinnig? So ein Tier verlangt viel Aufmerksamkeit und Zeit.«

»Na, Zeit hast du doch und Platz im Haus auch.«

»Das stimmt zwar, aber ich will bis neun Uhr ausschlafen. Der Hund will aber morgens um sieben seinen Spaziergang machen. So ein Hund braucht pro Tag mindestens zwei Stunden Auslauf. Zweimal täglich Gassi gehen, das reicht den meisten Hunden nicht. Da ist es egal, ob es schneit, hagelt, regnet, stürmt oder die Sonne scheint. – Und wo bleibt er, wenn wir mal verreisen wollen? Bei den Nachbarn? Die werden sich schön bedanken.«

»Den könnte ich ja übernehmen.«

»Und wenn du dann keine Zeit hast?«

»Dann gibst du ihn einfach bei einer Hundepension ab.«

»Ach, und du gibst mir dann das Geld dafür?«

»Aber denke doch mal daran, was du von so einem Hund zurückbekommst. Der freut sich doch wie ein Wahnsinniger, wenn du ins Haus zurückkommst. So wird sich Mama nie freuen, wenn sie dich wiedersieht. Ein Hund liebt eben bedingungslos. Der fragt nicht:
›Wo warst du?‹
›Woher kommst du?‹
›Warum kommst du erst jetzt?‹
Außerdem kannst du ihn rumkommandieren, der freut sich, wenn er unterwürfig sein kann. Das geht mit Mama auch nicht.«

»Mama wird sich sowieso bedanken, alleine wegen der Hundehaare. Und dann sabbert der mich mit seiner Hundeschnauze und seinen Essensresten von Chappi voll. Klasse! Und wenn so ein Tier läufig ist?«

»Ja und? Außerdem gibt es auch Rüden.«

»Noch schlimmer! Wenn der hinter den läufigen Hundedamen her ist.«

»Dann musst du ihn kastrieren lassen.«

»Ach ja, der Tierarzt nimmt dann gern mein Geld dafür.«

»Na, ein bisschen kostet ein Hund schon. So viel werdet ihr wohl noch haben. Das fällt doch gar nicht ins Gewicht.«

»Ein Hund wird dann wie ein Kind für dich. Wenn er krank wird, leidet man doch mit. Da begibt man sich in eine Abhängigkeit. Ob man die so will, ich weiß nicht. Es reichen mir doch schon die Abhängigkeiten, die ich habe. Da brauche ich nicht noch eine neue. Außerdem muss er erzogen werden.«

»Aber denk mal, du kommst bei deinen Spaziergängen mit netten Leuten in Kontakt, die du sonst nie kennengelernt hättest.«

»Ich komme dann aber auch mit weniger netten Leuten in Kontakt:
›Wie kommen Sie dazu, dass Ihr Hund mein Kind anbellt. Können Sie nicht aufpassen? Eine Frechheit ist das.‹
Oder:
›Nehmen Sie Ihren Köter an die Leine und sagen Sie jetzt nicht, dass Ihr Hund nicht beißt.‹«

»Du übertreibst mal wieder. Ein Hund kriegt auch mit, wenn du schlecht gelaunt bist. Dann kannst du dich seelisch wieder aufbauen, indem du ihn kraulst oder streichelst. Außerdem ist ein Hund treu. Der verlässt dich nicht für einen anderen Hund. Der bleibt immer.«

»Tochter, das ist ja alles von dir gut gemeint, aber mir reicht meine Abhängigkeit von deiner Mutter. Zwar bellt und knurrt sie mich auch öfter mal an, aber wenn es wirklich ernst wird, stellt sie sich schützend vor mich.«

Und was sagt uns das?

Wenn alle dir dasselbe raten, bist du nicht immer gut beraten.

KAPITEL SECHS

IM RUHESTAND ZU SEIN, HEISST NOCH LANGE NICHT, DASS MAN ALT IST*

*Alt ist man erst, wenn man in die Apotheke geht und die Apothekerin fragt, ob sie die Kondome als Geschenk verpacken soll.

42

Wie der Ruheständler Abenteuer und Abwechslung in den Alltag bringen kann

Ein Lebensglück des Ruheständlers kann das Aufpassen auf das oder die Enkelkinder sein. So geschieht es denn auch ein- oder zweimal die Woche. Bis zum frühen Abend dürfen meine Frau und ich hemmungslos das Kind versorgen und verwöhnen. Jeder Schritt wird beobachtet, damit dem Kind kein Leid geschieht. Zur Bespaßung wird das Buch *Tiere auf dem Bauernhof* herangezogen.

»Was ist das?«

»Fied!«

»Ja, toll!«

»Und das?«

»Määäh!«

Aber jetzt ist das Buch nicht mehr interessant, jetzt möchte die Kleine »Apelsale« haben.

Was ist das denn bitte?

»Na, das ist doch leicht zu verstehen. Das Kind will ›Apfelschorle‹ trinken.«

Und so kriegt das Kind wie gewünscht seine Apfelschorle.

»Hol doch mal vom Bäcker eine Zitronenrolle und ein Käsequarkstück. Das mag sie doch so gerne. Und vom Markt kannst du noch Erdbeeren und Himbeeren holen.«

»Aber«, gebe ich zu bedenken, »du weißt, dass wir dem Kind keinen Kuchen geben sollen. Es ist sowieso schon sehr kräftig für sein Alter.«

»Das wird ja wohl nicht so schlimm sein«, sagt meine Frau.

Nach Ausführung der Aufgabe stelle ich alles auf den Tisch der Terrasse. Und so ledert der kleine Wurm im Nu die Zitronenrolle weg, und vom Käsequarkstück bleibt auch nicht viel übrig.

»Ich koch schon mal das Essen für die Kinder für heute Abend vor«, sagt meine Frau, »pass kurz auf!«

»Na klar, das kriegen wir schon hin. Kein Problem.«

Nun bin ich mit dem Enkelkind allein. Was für eine Verantwortung.

Die Sonne scheint. Es riecht nach frisch gemähtem Gras. Das Enkelkind läuft auf dem Rasen übermütig um den Apfelbaum, macht Grimassen, Lebensfreude pur, bleibt stehen und schreit nach Herzenslust. So laut, dass ich Angst habe, dass der dösende Nachbar von seiner Liege fällt. Auf dem Rasen befindet sich ein Plastikpool. Darauf steht mit großen Buchstaben: »Achtung! Nur für den Hausgebrauch. Nur unter der unmittelbaren Aufsicht eines Erwachsenen benutzen!« Der Pool ist zur Hälfte mit Wasser gefüllt. Sich draufsetzen und im Wasser verschwinden ist für das Enkelkind ein Moment.

»Oh!«

Ich stürze hin und ziehe es an einem Bein heraus. Kleinkinder brauchen so ihre Zeit, bis sie merken, dass jetzt was Ungewöhnliches passiert ist und nun mit Gebrüll reagiert werden muss. Der Mund verformt sich viereckig, für einen Moment ist absolute Stille, bis der Entsetzensschrei sich aus dem kleinen Körper löst und durch die Mittagsstille hallt, so laut, dass Mauern bersten könnten und es meine Frau aus der Küche in den Vorgarten treibt. Ich stehe bleich und schuldbewusst mit dem völlig nassen Kind da.

Die beste aller Ehefrauen entreißt mir wortlos das Kind, guckt mich mit versteinertem Gesicht an und denkt wahrscheinlich:

Meine Güte, was habe ich mir mit dem nur angetan. Es gibt etwa drei Milliarden Männer auf der Welt. Und ich muss mir gerade diesen unfähigen Knallkopp aussuchen. Hab ja selber Schuld. Obwohl ich damals ganz andere Möglichkeiten hatte – aber nein, der musste es nun unbedingt sein. Jetzt hab ich den Salat.

Sie zieht dem Kind sofort die klitschnassen Klamotten aus, wickelt es in die Decke, die auf der Sonnenliege liegt, und redet behutsam und zart mit ihm. Eigentlich hätte ich diese Zärtlichkeitszuwendung gebraucht. So schleiche ich deprimiert von dannen. Meine Frau ruft mir hinterher:

»Guck nach dem Essen und mach Möhren-Apfel-Salat. Möhren und Äpfel schälen und mit der Küchenmaschine zerkleinern. Oder kannst du das auch nicht?«

Das gibt Rache. Bei der nächsten besten Gelegenheit kriegt sie das zurück. Das schwör ich ihr!, denke ich.

Und was sagt uns das?

Um Abenteuer und Abwechslung in den Alltag zu bringen, muss man nicht unbedingt auf Safari gehen.

43

**Wie man als Komparse
ins Filmgeschäft einsteigen kann**

Jetzt, wo der neue James-Bond-Film in den Kinos läuft, wird man doch auch wieder ein bisschen neidisch. Was für ein Kerl. Das würde man als Ruheständler doch auch gerne einmal ein bisschen sein. Aber wie? Man wird ja nicht mehr auf der Straße angehalten und gefragt: »Wir drehen gerade einen Actionfilm. Wir brauchen da noch authentische Typen. Sagen Sie mal, Sie haben so ein aussagekräftiges Gesicht. Da hat das Leben schon so wunderbar drin gezeichnet. Und Ihre ganze Ausstrahlung. Es wäre toll, wenn wir Sie für unser Vorhaben gewinnen könnten.«

Nein, nein, da muss man sich schon selbst entdecken und seine Haut zu Markte tragen. Und siehe da, im Radio werden die Hörer aufgefordert, sich zu melden, um als Komparse beim *Großstadtrevier* mitzuwirken. Wer das möchte, rufe bitte an.

Ja, man könne gerade Menschen im Rentenalter gut für eine Außenaufnahme zum *Großstadtrevier* gebrauchen. Und man solle sich in der nächsten Woche Dienstagabend um zehn am St. Pauli-Elbtunnel melden. Da erfährt man dann Weiteres.

»Ja, muss ich nicht vielleicht eine bestimmte Kleidung tragen oder einen Text lernen?«

»Nee, das ist nicht nötig. Kommen Sie so, wie Sie normalerweise rumlaufen.«

»Soll ich vielleicht einen Regenschirm mitnehmen? Wegen der Authentizität. Man weiß ja, es regnet oft in Hamburg.«

»Ja, gerne, wenn Sie denn wollen.«

Und so finde ich mich am Dienstag um zehn Uhr abends vor dem St.-Pauli-Elbtunnel ein. In einem Wohnmobil sitzen die Leute des Filmteams, bei denen man sich melden muss. Ich reihe mich ein. Und warte. Und warte. Und warte. Schließlich bin ich dran. Ich werde von einer jungen Dame schon mal gepudert wegen der eventuell glänzenden Haut. Am Ende der Drehnacht sollen 100 Euro an jeden Komparsen ausgezahlt werden. Na wunderbar!

»Was soll ich denn spielen?«

»Melden Sie sich mal beim Script/Continuity.«

»Beim was?«

»Gehen Sie mal da rüber zu dem Menschen mit dem Megafon.«

»Hallo, ich soll mich hier melden.«

»Ja, okay. Ich brauche Sie im Moment nicht. Ihnen wird dann Bescheid gesagt.«

»Was soll ich denn spielen, und wie soll ich meine Rolle anlegen?«

»Wie, anlegen? Wir brauchen Sie als Passant. Mehr müssen Sie dann auch nicht tun. Nur Passant sein. Hin und her gehen. Mehr nicht. Aber das sagt Ihnen dann der Script Supervisor.«

»Und woran erkenn ich den?«

»Wenn es losgehen soll, das kriegen Sie dann schon mit. Warten Sie mal da hinten. Kaffee gibt es am Wohnmobil.«

Der ganze Vorplatz zum Elbtunnel ist abgesperrt. Es tut sich nichts.

Der Kameramann bespricht sich mit dem Regisseur. Eine Kamerafahrt wird geübt. Die Kamera steht auf Schienen, die von Assistenten geschoben wird. Der Hauptdarsteller taucht auf. Irgendwie erinnert er an Jan Fedder. Der geht über den Vorplatz und verschwindet im Elbtunnel. »Ja«, stellt man fest, »so kann das gehen.« Nun werden die Komparsen gefordert. Einfach mal über den Vorplatz vom Elbtunnel gehen. »Und nicht in die Kamera gucken! Gehen Sie so, als wenn Sie die nächste U-Bahn noch erreichen wollten.«

»Und Action!«

Ich gehe mit den anderen los.

»Nein, nein, stooopp! Der Herr da hinten hat zur Kamera geguckt. Alles auf den Anfang zurück.«

Endlich, nach der 30. Wiederholung der Szene, ist der Regisseur zufrieden.

Inzwischen ist es halb fünf Uhr morgens geworden. Gefühlte 30 Sekunden sind im Kasten.

»Und jetzt?«

»Gehen Sie zum Wohnmobil. Da können Sie sich Ihr Geld abholen.«

Ein halbes Jahr später läuft der Film im Fernsehen. Von mir ist mein wehender Mantel vor dem St.-Pauli-Elbtunnel zu sehen. Nur ich weiß, dass das meiner ist.

Und was sagt uns das?

Hoffnungsvolle Filmkarrieren werden manchmal vom Winde verweht.

44

Wie man die Aufmerksamkeit der nächsten Generation erlangen kann

Ich bin dreifacher Großvater. Opa von drei Mädels, die zwei, drei und fünf Jahre alt sind. Jonna, Jente und Juli heißen sie. Das führt bei mir ob der Ähnlichkeit der Namen oft zu Verwechslungen. So kann es passieren, dass ich erst beim dritten Versuch den richtigen Namen erwische.

Ich bin gern Opa und lass mich in die Aufgaben eines Kinderbetreuers einbinden, ich hab ja Zeit. So kann ich überall helfen, wo es nötig ist, und hab dabei das Gefühl, etwas Sinnvolles zu tun. Das muss aber bei den Enkelkindern nicht immer gut ankommen. Wenn Juli, noch keine zwei Jahre, etwas sehr wackelig die Treppe hochsteigt, bin ich natürlich sofort zur Stelle. »Darf ich dir helfen?«, frage ich sie. Worauf ich zur Antwort kriege: »Opa, nein, nicht kucken!«

»Aber ich hab das Gefühl, dass ich doch ein bisschen aufpassen muss. Sonst fällst du mir noch runter. Und dann stößt du dir den Kopf, und dann weinst du.«

»Opa, geh nach Hause.«

Mit solchen Zurechtweisungen muss ich erst einmal zurechtkommen. Wer hat einem in solch klarer Weise schon mal die Meinung gesagt. Andererseits weiß ich schon um meinen Unterhaltungswert als Opa.

»Opa, Tater!«, sagt Jonna.

Der geneigte Leser wird nicht sofort wissen, was das bedeutet. Aber mein auf Enkelsprache getrimmtes Ohr erkennt die Botschaft und ich weiß:

Theater, Kasperletheater, ist jetzt angesagt.

Ich baue die Bühne auf, lege mir die Puppen zurecht: Kasperle, Gretel, König, Prinzessin, Krokodil, Fuchs, Teufel und die Schne-

cke »Schnarchi«. Das wird wohl ausreichen, um eine spannende Dramaturgie aufzubauen.

»Aber bitte nichts mit dem Fuchs, dem Teufel oder dem Krokodil. Das regt die Kinder zu sehr auf«, sagt meine Frau. Das schränkt natürlich meine Möglichkeiten in der Dramaturgie meines Plots erheblich ein. Was bleibt da für mich noch übrig?

Ja, vielleicht: Kasperle ist verschwunden, und nun müssen alle nach ihm suchen.

Wie am Besten anfangen?

Erst mal muss Kasperle auftreten und alle begrüßen. »Hallo liebe Kinder. Seid ihr auch alle da?«

»Jaaaaa!«

Er erzählt, dass er in den Wald gehen und Brombeeren pflücken will. Und dann ist er auch sofort verschwunden.

Jetzt hat die Schnecke »Schnarchi« ihren Auftritt. Sie kriecht langsam auf der Bühnenkante entlang.

»Liebe Kinder. – Haaaaabt iiiiihr – Kaaasperle – geseeeehn?«

Das bringt wenig Resonanz im Zuschauerraum. Es muss nun mehr Leben ins Spiel, auch mehr die Zuschauer mit einbeziehen.

Nach Kasperle rufen lassen.

Das muss jetzt die forsche Gretel übernehmen.

»Liebe Kinder, wir suchen alle den Kasper. Wollt ihr uns helfen? Wollen wir mal gemeinsam rufen?«

» – Jaaaa!«

»Vielleicht hört er uns dann ja und kommt zurück. – Kasper! – Kasper!!!«

Ich bin der Einzige, der ruft. Nun noch mal nachhaltig die Zuschauer auffordern mitzurufen. Wieder bin ich der Einzige.

Die Geduld der Zuschauer ist aufgebraucht. Sie haben sich jetzt der Bühne so weit genähert, dass sie direkt Einfluss nehmen auf mein darstellendes Spiel. Juli streichelt Gretel, Jente wirft mit Bausteinen, und Jonna guckt hinter die Bühne und entdeckt Kasperle.

»Da ist er doch, Opa! Hast du das gar nicht gemerkt?«

Und überhaupt möchten die drei jetzt *Bibi und Tina* im Fernsehen sehen. »Hex hex!«

So muss man sich fühlen, wenn man als Entertainer nicht beim Publikum ankommt.

»Bibi und Tina« kommen dagegen sehr gut an. Die machen Ferien auf dem Martinshof, reiten wie der Wind und singen: »Du fühlst dich wie ein Freak, weil du am Boden liegst. Steh auf! Steh auf! Hex! Hex! Up up up!«

Opa räumt traurig das Kasperletheater zur Seite. Dagegen kann er nicht konkurrieren.

Und was sagt uns das?

Der Ruheständler sollte mit der Zeit gehen. Dann wird er auch wieder die Aufmerksamkeit der Jugend erlangen.

45

Wie Vereinsamung verhindert wird

Der Stammtisch beschwert sich über mich. Ich verstehe alles falsch, kriege nichts mehr mit, und meine Frau sagt: »Wenn du nicht bald was mit deinem Gehör machst, dann lass ich mich scheiden.«

»Wie, was mit meinem Gehör machen?«

»Ich muss alles doppelt sagen, muss dich fast anbrüllen, und dann verstehst du es immer noch nicht. Du kannst einfach nicht hören. Und wenn ich schon deinen Blick sehe, wie du versuchst, aus dem, was du verstanden hast, dir einen Sinn zusammenzureimen. Das ist dann schon wieder komisch«, sagt sie.

»Das hat meine Mutter zu mir als Kind auch immer gesagt: ›Du kannst einfach nicht hören.‹«

»Ha, ha, mach du nur deine Witze.«

Am Abend läuft die *Tagesschau* ohne Ton. »Schatz, kannst du mal den Ton anstellen!«, sage ich zu meiner Frau.

Sie guckt mich mitleidig an: »Der Ton ist an.«

Abends im Bett sehe ich, dass meine Frau ein Buch liest. Das ist ungewöhnlich. Normalerweise liest sie vor dem Schlafengehen die *Gala* oder löst Sudokus.

»Was liest du denn da?«

»Der Finger im Rücken von Allinge«, verstehe ich.

Hm, kenn ich gar nicht, wie kommt sie auf das Buch? Muss wohl ein Krimi sein.

Mal ein bisschen Interesse zeigen.

»Von wem ist denn das?«

»Von wem das ist?! Willst du mich veräppeln?«

»Nein, ich kenn das nicht.«

»Alles klar! Du kennst nicht *Der Fänger im Roggen* und weißt nicht, dass das von Salinger ist!«

Das gibt mir nun den letzten inneren Anstoß, morgen, gleich nach dem Frühstück, zum Hörgeräteakustiker zu gehen.

Beim Betreten des Ladens werde ich mit einem Summton angekündigt. Augenblicklich erscheint der Hörmeister. Ich schildere ihm mein Leid. Er nimmt seine Tätigkeit auf und guckt mir mit einem Gerät ins Ohr. Auf einem Monitor erscheint das Abbild meines inneren Ohres. Man kann das Trommelfell erkennen. Auf dem linken Ohr kann man es nicht erkennen. Davor sitzt Ohrenschmalz.

»Da müssen Sie erst einmal zum Ohrenarzt gehen. Der kann das entfernen.«

Die Frau am Tresen des Ohrenarztes nimmt erst einmal die Personalien auf.

»Wir nehmen aber nur Privatversicherte. Das sind Sie doch?«

»Ja, ja, das bin ich. Was meinen Sie denn, was so eine Ohrenreinigung kostet?«

»So ungefähr 65 Euro.«

»Was, für so ein bisschen so viel Geld?«, staune ich.

»Ein Handwerker kostet mehr«, meint sie.

»Aber wenn ich den so sehe, wie der mit der Fugenpaste für die Fensterdichtung umgehen kann, das ist doch eine Kunst, oder?«

»Ja, schon. Das kann man aber nicht vergleichen. Außerdem müssen Sie das doch gar nicht selbst bezahlen. Das übernimmt doch Ihre Krankenkasse.«

Nun muss ich erst mal wieder warten. Ich blättere in den ausliegenden Illustrierten und erfahre, dass sich Dieter Bohlen am Strand von Arenal nicht von seiner Frau küssen lassen will. Ist da vielleicht eine Scheidung im Gange?

Dann darf ich in das Behandlungszimmer des Hals-Nasen-Ohren-Arztes. Er spült mir die Ohren frei.

»Und dann guck ich Ihnen noch mal schnell in den Hals. Kann ja nicht schaden. Sind Sie Raucher?«

»Nein, nicht mehr.«

»Na, das ist ja wunderbar.«

Zurück beim Hörmeister. Er setzt mir einen Kopfhörer auf.

»Wenn Sie etwas hören, geben Sie ein Zeichen.«

»Und jetzt mal Worte nachsprechen.«

»Wand« – »Wand«

»Spott« – »Pott«

»Farm« – »arm«

Danach zaubert er eine Grafik an die Wand.

»Wie Sie sehen, zeigt dies hier das Feld, in dem man Worte wahrnimmt. Die Laute P, H, G, Sch, K, F und S fallen bei Ihnen völlig raus. Die hören Sie gar nicht oder nur noch schwach. Wir müssen tätig werden.«

»Was heißt das denn?«

»Sie müssen sich damit abfinden, dass Sie ein Hörgerät in Erwägung ziehen sollten. Sehen Sie hier, der ganze rechte Bereich auf beiden Ohren bricht bei den hellen Tönen völlig ein.«

»Wie groß sind denn die Dinger? Wie sieht denn so was aus?«

»Die Geräte sind heutzutage so klein, die bemerken Sie gar nicht. Ansonsten hängen Sie Ihre Haare über die Ohren, und keiner wird was sehen. Und die Umwelt wird sich wundern und dankbar sein, dass Sie auf einmal wieder an den Gesprächen teilnehmen können. Das ist doch was.«

»Was kostet das?«

»Das beginnt bei 1.000 Euro und endet bei 3.000 pro Hörgerät.«

Dafür kriegt man ja schon einen guten Gebrauchtwagen oder eine Weltreise. Aber nach so einer Reise kann man dann trotzdem nicht besser hören.

Vielleicht erst mal ein Gerät testen.

»Das kann man doch machen?«

»Ja, das kann man machen.«

Und was sagt uns das?

Wer nicht hören kann, muss sich auf das Lesen beschränken, vereinsamen oder sich ein Hörgerät zulegen.

46

Wie befriedigend es sein kann zu telefonieren

Im Alter ist das Telefon oftmals eine wichtige Verbindung zur Außenwelt. Man kann die Freunde, seine Kinder, die Schwiegersöhne oder die Enkelkinder anrufen. So erfährt man alles Neue, was man wissen muss.

Nun ist das Telefon aber auch ein Gerät, mit dem man angerufen werden kann. Das sind dann meistens die Enkelkinder, die Schwiegersöhne, die Kinder oder die Freunde. Wie schön.

Immer wieder rufen aber auch Leute an, die einem vom Vorteil erzählen, wenn man den Telefonanbieter wechselt. Ich lege auf.

Um eine Unterstützung bittet eine Humanity-Organisation. Dies sei nur eine Vorinformation, damit ich mich nicht wundere, wenn in drei Tagen ein Brief von ihnen kommt. Ich lege auf.

Ein Call-Center möchte zum x-ten Mal wissen, warum ich immer noch nicht auf das günstige Angebot eingegangen bin. »Ich mach dann noch mal einen Datenabgleich. Sie heißen ...« Ich lege auf.

Der nächste Anruf kommt mit einer freundlichen Damenstimme daher.

»Ich habe Ihre Unterlagen gecheckt und dabei festgestellt, dass Sie viel zu viel in Ihre Krankenkasse einzahlen. Ich kann Ihnen da ...«

Ich lege auf. Nicht sehr freundlich, aber was soll ich machen, so viel Zeit hab ich als Ruheständler nun auch nicht, außerdem nervt es mich.

Vor ein paar Tagen ruft ein Mann an und fragt: »Hallo, weißt du, wer hier ist?«

Was ist denn das nun wieder für eine billige Abzocke? Wer mich anruft, tut das gefälligst mit seinem Namen. Das ist natürlich dieser billige Enkeltrick, mit dem man den unbedarften Ruheständlern das Geld aus der Tasche ziehen will. Hat man ja oft genug in der Zeitung gelesen. Nein, nein, mit mir nicht. Meine Nackenhaare stellen sich auf. Ich krieg einen Aggro-Anfall. Man kann auch sagen: Ich habe eine emotionale Reaktion, die in Richtung unkontrolliert läuft, die ich aber doch so weit in den Griff kriege, dass ich in der Lage bin zu antworten. Mir kommt ein Zeitungsartikel in den Sinn, und so reagiere ich folgendermaßen:

»Das ist aber schön, dass du dich nach so langer Zeit mal wieder meldest, Herbert, alter Junge! Dich erkenne ich doch an deiner Stimme. Schön, dass es dich noch gibt. Wir sollten uns unbedingt treffen und über alte Zeiten quatschen. Ach ja, fällt mir gerade ein. Was machen eigentlich meine 10.000 Euro, die ich dir vor fünf Jahren geliehen habe?« Auf der anderen Seite ist nichts mehr zu hören, nur ein: »Tuut – tuut – tuuut!«

Ein gutes Gefühl stellt sich ein. Ich grinse in mich hinein.

Gleich darauf ruft mein Enkelkind an und möchte, dass wir sie mal wieder besuchen sollen. Ich lächle.

Und was sagt uns das?
Auch unverschämte Anrufe können gelegentlich ein befriedigendes Gefühl auslösen.

47

Wie man in Zeiten der grenzenlosen Freizeit den Urlaub nicht vergisst

Das Traurige am Ruhestand ist, dass man keinen Urlaub mehr hat. Früher hat meine arbeitsfreie Zeit das Jahr strukturiert. Diese so sehr ersehnten Wochen wurden lange vorher geplant. Auf das Reiseziel mussten wir uns ebenso einigen wie auf das Transportmittel. Viele Jahre gaben die Kinder den Ausschlag für die Auswahl der Ziele. Nicht dass sie ein echtes Mitbestimmungsrecht gehabt hätten, aber die Malediven, Südafrika oder Australien schieden ihretwegen aus pekuniären Gründen aus. Jetzt, im Ruhestand, unterliege ich der Belastung grenzenloser Freizeit. Das haben wir uns immer gewünscht. Ich merke aber mit der Zeit, dass ich richtig aufpassen muss, urlaubsmäßig nicht zu verlottern. Ein Jahr vergeht schnell, ohne dass eine größere Reise geplant wird. Meine Gattin passt auf. »Es wird mal wieder Zeit, dass wir unser Heim ein paar Wochen verlassen.« Bei mir als Langmerker braucht es eine Zeit, bis ich verstehe, dass wir mal wieder verreisen sollten. Ich bin nicht abgeneigt, äußere aber auch gleich mein Unbehagen, dass ich keine Lust hätte, 20 Stunden zu fliegen, auch wenn es noch viele reizvolle Ziele gäbe, die in weiter Ferne lägen. Darauf scheint meine Gattin nur gewartet zu haben. »Das würde mich auch nicht reizen. Denk doch mal an früher! Da sind wir einfach mit unserem VW-Bus losgefahren, die Surfbretter oben drauf, hatten keinen Plan wohin und hatten immer eine Unterkunft.«

Mit meiner Bemerkung »Was wollen wir denn mit den Surfbrettern?« ziele ich mal wieder bretthart am Wesentlichen des Vorschlages meiner Gattin vorbei. Bevor sie sich erregen kann, äußere ich verhaltene Begeisterung. Außerdem kommen Erinnerungen hoch.

Unser erster VW-Bus war karminrot und hatte das Baujahr 1956. Grandios waren das hochstellbare Faltdach und die Westfalia-Komplettausstattung. Die Urlaube, die wir mit ihm am Ufer des Gardasees verbrachten, werde ich ebenso wenig vergessen wie die Spannung, ob er alle Steigungen in den Alpen schaffen würde. Schaffte er, wenn auch manchmal nur mit 30 km/h. Leider musste er uns wegen zu verheerenden Rostfraßes verlassen.

Ich werde sachlich: »Was stellst du dir denn vor?«

»Was wäre denn mit einem Wohnmobil? Nicht riesig groß, aber so komfortabel, dass wir ein Hotelzimmer nicht vermissen.«

»Die Dinger sind doch schweineteuer!«

»So ein Ding kann man doch auch mieten!«

Mit der Idee kann ich leben. Aber die Vorstellung, mit solch einem Monstrum durch italienische Gassen zu kutschieren, treibt mir jetzt schon den Angstschweiß auf die Stirn.

»Was ist denn mit einem Wohnwagen? Einfach hinten anhängen, ans Ziel transportieren, abkoppeln und sich mit dem Auto frei bewegen.« Den Einwand meiner Gattin, das wäre doch etwas für Spießer, lasse ich nicht gelten. Ich begegne ihrem Vorurteil einfach mit einem eigenen: »Schau dir doch mal die Holländer an. Da haben 90 Prozent einen Wohnwagen. Meinst du wirklich, das sind alles Spießer?« Das überzeugt. Außerdem haben wir eine Anhängerkupplung. Dafür brauchen wir kein Geld auszugeben.

Am nächsten Tag fahren wir zu einem Spezialisten. Der verkauft und vermietet Wohnmobile und Wohnwagen. Ich bin froh, dass wir den Kauf eines Wohnmobils ausgeschlossen haben. Die auf den Verkaufsschildern ausgewiesenen Preise reichen bis zum vermutlichen Verkaufspreises unseres Eigenheimes. Hilfe eilt auf uns zu. Wir schildern unser Anliegen. Wir werden gut beraten und können uns für ein Modell entscheiden. »Bleibt nur noch die Terminfrage.«

»Wie, mit einem Wohnwagen kann man doch immer fahren?«

»Ja, natürlich. Aber viele Zeiten sind schon ausgebucht. Gerade bei diesem Modell.«

Dank unserer Flexibilität erhalten wir einen Mietvertrag für drei Wochen im September.

Am Vortag unserer geplanten Abreise hole ich den Wohnwagen. Ich bin erstaunt, wie leicht sich das fährt. Da muss man sich ja richtig darauf konzentrieren, dass der Wagen noch ein Anhängsel hat. Nicht ganz so leicht ist das Rückwärts-Einparken zu Hause. Nachdem sich in der heimischen Gasse ein nicht unerheblicher Stau gebildet hat, setzt sich meine Gattin ans Steuer und parkt mit einer Leichtigkeit ein, als wenn sie im früheren Leben Truckerin war.

Die Reise führt uns an den Gardasee. Wir finden sogar unseren Campingplatz von damals. Direkt am Ufer gelegen. Die gleiche Stimmung wie vor Jahrzehnten macht sich nicht breit, zumal die Kosten für den Stellplatz einer Übernachtung im 5-Sterne-Hotel ebenbürtig sind. Aber eine gewisse Leichtigkeit des Seins erfasst mich. Die immer noch köstlichen Speisen und der Wein aus der Region tun ihr Übriges. Im Wohnwagen, der freien Natur sehr nahe, fühlen wir uns wohl. Der Vorteil, sich mit dem Pkw ohne Anhängsel bewegen zu können, wird genutzt. Sonst hätten wir die Kurztrips nach Venedig und Verona nicht gewagt.

Zu Hause angekommen, sind wir uns einig. Das mit dem Wohnwagen war keine schlechte Idee. Könnte man glatt im nächsten Jahr wiederholen.

Und was sagt uns das?

Auch in Zeiten der grenzenlosen Freizeit sollte man den Urlaub nicht vergessen.

48

Wie es guttun kann, nach Venedig zu fahren

Mindestens alle zwei Jahre macht es für den Ruheständler Sinn, nach Venedig zu fahren. Dann findet die Biennale der Kunst statt. Bi – also zwei, alle zwei Jahre, immer im ungeraden Jahr. Es ist ja auch nicht weit mit dem Flugzeug bis dorthin, Hamburg – Venedig in eineinhalb Stunden. Natürlich kann man auch als junger Mensch nach Venedig fahren, aber da liegen die Interessen wohl ein bisschen anders. Venedig – die Stadt der Liebe, der engen Gassen, der kleinen Brücken über den Kanälen, in denen sich die Gondeln mit den Gondolieri spiegeln. Und wenn nicht Japaner in den Gondeln sitzen, so könnte es auch ein Liebespaar sein, das sich wohl später immer an dieses Ereignis erinnern wird. Immerhin 80 Euro für eine halbe Stunde Fahrt. Aber wenn man verliebt ist, zahlt man das doch gerne. Der Blick ist auf den Partner gerichtet, der mit leuchtenden Augen die Partnerin verliebt anhimmelt. Warum dann aber nach Venedig, wo man doch nur Augen für die Geliebte hat? Das Geld ist doch wirklich zum Fenster rausgeschmissen.

Ein Ruheständler ist da anders. Nein, 80 Euro für eine halbe Stunde Gondel fahren, ja bin ich denn total verrückt? Was soll das? Da kann man doch lieber essen gehen. Nun, nicht gerade am Markusplatz, aber ein bisschen abseits vom Hauptstrom der Touristen findet man schon preiswertere Lokale, und den Wein dazu kann man sich auch leisten. Und so sitzt er, der Rentner, mit seiner Frau in der »Hostaria Venexiana« in der Gasse »Santa Croce« in der Nähe der »Piazzetta Roma« am Kanal, auf dem keine Gondeln fahren, nur ab und zu mal ein Lastkahn, der Baumaterial befördert, denn, ach ja, auch hier wird gearbeitet. Es gibt »Spaghetti nero di seppia«, danach Sardinas mit Patatas und Ortaggio, dazu den Hauswein und Agua minerale sin gas. Da sind dann auch 80 Euro weg, aber man hat auch was davon gehabt. Am Ende noch zwei Cappuccino, natürlich grammatisch korrekt bestellt: »Due Cappuccini, per favore. Grazie!«, und man fühlt sich danach schon fast wie ein Italiener. Und wenn dann die Frau zu einem noch sagt: »Also irgendwie erinnerst du mich heute an Adriano.« Was kann schöner sein. An seinem Tisch flanieren keine Touristen vorbei, sondern normale Italiener, ihrem Ziel entgegen. Schöne, stolze, selbstbewusste Frauen, gut aussehende Männer in Anzug, mit Lederhandtäschchen, Zigarette und leichtem Lächeln im Blick. Ja, ja, die Italiener, die wissen zu leben.

Dann mit dem Vaporetto fahren. Toll, wie der Junge am Tau das Schiff festmacht und wie er die Stationen ausruft: Spirito Santo, Rialto, Zaccaria oder Giardini. Hier aussteigen. In den Giardini und in das Arsenale, wo die Künstler der Welt, Ai Weiwei, Christoph Schlingensief, Otto Nicolai und so weiter alle zwei Jahre ihre Kunstideen von der Welt für die Welt ausbreiten. Ja, muss man nicht alles gut finden, dafür bleibt zur Auseinandersetzung und zum positiven Streiten mit den Kunstideen viel Raum.

Und dann noch in die bauhistorisch bedeutenden venezianischen Kirchen, die sich aber von anderen katholischen Kirchen nur insofern unterscheiden, dass dort mal ein Tintoretto oder ein Tizian hängt. Eine gesehen, alle gesehen.

Und viel zu schnell ist die Zeit in Venedig wieder vorbei. Na klar, in zwei Jahren ist man wieder hier, wird wieder nicht mit der Gondel fahren, den Markusplatz und die Rialtobrücke meiden, keine Kirche mehr besichtigen, wieder in den Giardini und in das Arsenale gehen und sich wieder streiten können über die Geschmacklosigkeiten, die die Künstler der Welt produziert haben.

Und was sagt uns das?

Eine auf- und anregende Umgebung schafft neue Gesprächsanlässe.

Wie man mitmischen kann, ohne in einer Partei zu sein

Der Seniorenbeirat unserer Stadt sucht Mitglieder. Seniorenbeirat? Was ist das denn? Angeblich soll es den schon lange geben. Muss an mir vorbeigegangen sein, aber jetzt, wo ich selbst zu der Altersklasse der über 60-Jährigen gehöre und im Ruhestand bin, sind meine Sinne anders ausgerichtet.

Im wöchentlich erscheinenden Anzeigenblatt erklärt der Bürgermeister, dass sich der Seniorenbeirat als Lobby und Sprachrohr der Generation 60plus verstehe und Mitverantwortung für seniorenpolitische Belange übernehme. Das hört sich doch gar nicht schlecht an. Schon immer hat es mich gereizt, Lobbyist zu werden. Diese geheimnisumwitterten Menschen, die im Bundestag ein- und ausgehen, scheinen großen Einfluss zu besitzen und noch nebenbei eine Menge Geld zu verdienen. Nun gut, das mit dem Geld kann ich wohl vergessen, denn dass es sich um einen unbezahlten Job handelt, wird schon im Aufruf deutlich: »Ehrenamtler gesucht!«

Aber die Geschicke meiner Stadt mitgestalten zu können reizt. Zumal darauf hingewiesen wird, dass einen das Amt zeitlich nicht auffressen würde.

Nach Rücksprache mit meiner Gattin hole ich mir am nächsten Tag im Rathaus die Bewerbungsformulare. Nach Abgabe meiner Bewerbung fühle ich leichten Stolz, diesen Schritt gewagt zu haben. Meine einzige Sorge ist, dass ich tatsächlich genommen werde. Noch schlimmer wäre es, wenn ich bei der konstituierenden Sitzung zur Toilette müsste. Aus leidvoller Erfahrung weiß ich, dass man dann zum Schriftführer oder Kassenwart gewählt wird.

Und was sagt uns das?

Ob Mut und soziales Engagement belohnt wird, zeigt sich immer erst später.

50

Wie man Sinnlichkeit wieder neu entdecken kann

»Sag mal, wir sind doch ständig am Überlegen, was du mit deiner Zeit machen kannst. Wir könnten doch auch mal was gemeinsam machen«, sagt meine Frau.

»Wie? Was? Gemeinsam machen?«

»Na, wir könnten doch mal zu einem Tanzkurs gehen. Dazu hätte ich Lust. Wir haben doch früher auch ganz gerne mal getanzt.«

»Oh, da blamier ich mich doch nur. Ich kann doch nur den 08/15-Schritt.«

»Na und? Du hast aber durchaus Rhythmusgefühl. Wie kann man sich denn bei einem Anfängerkurs blamieren? Wir wollen doch nicht für das ›Tanzabzeichen in Gold‹ trainieren. Das weiß ich doch, dass ich das mit dir nicht schaffen werde. Wir brauchen uns ja auch nicht für die wilden neuen Tänze anzumelden. Es reicht doch, wenn wir Standardtänze lernen.«

»Was sind denn Standardtänze?«

»Zum Beispiel Walzer, Foxtrott, Slowfox und Quickstep – oder mit dir Tango tanzen. Das hat doch was Verruchtes. Ein Papst hatte mal versucht, den Tango für seine Schäfchen zu verbieten. Er sei zu sündhaft. Das wäre es doch. Mal wieder eine Sünde begehen. Dann müsstest du allerdings das Führen lernen.«

»Wie, was heißt führen?«

»Na, der, der führt, weiß, wo es langgeht. Und die Geführte folgt dann den Bewegungen des Führenden.«

»Wie soll ich denn wissen, wo es beim Tango langgeht?«

»Das lernt man da doch bei dem Tanzkurs. Aber ich seh schon, das muss ich dann wohl machen. Das geht ja auch. Und außerdem, denk dran, so eine Tanzstunde fordert das Gehirn mehrfach: Musik umsetzen in Bewegung, neue Schrittmuster lernen und behalten. Das dürfte ja wohl das Schwierigste bei dir sein.«

»Ha, ha. Das wollen wir ja mal sehen! Dann melde uns mal an. Man kann es ja probieren. Aber da muss man doch nicht mit anderen Frauen tanzen, oder?«

»Nein, keine Angst, nur ich rücke dir auf den Pelz.«

Und so tauchen wir ein paar Tage später am frühen Abend bei der Tanzschule auf.

Die Frauen stehen erwartungsfroh auf der Tanzfläche, die Herren eher mit gequältem Blick und verklemmtem Grinsen.

Der Tanzlehrer erscheint und führt mit seiner Partnerin die erste Schrittfolge für den Foxtrott vor:

»Der Herr startet mit einem längeren Schritt des linken Fußes nach vorn. Die Dame macht einen längeren Schritt des rechten Fußes nach hinten. Darauf macht er einen weiteren Schritt mit dem rechten Fuß nach vorn. Die Dame folgt mit einem weiteren Schritt nach hinten. Dann kommt der ›Seitschluss‹, bei dem der Herr mit dem linken Fuß einen kleinen Schritt nach links macht und den rechten Fuß ranzieht. Die Frau macht mit dem rechten einen kleinen Schritt nach rechts und setzt den linken Fuß neben den rechten. Eins, zwei, tipp! Eins, zwei, tipp! – Na, versuchen wir es doch mal. Erst einmal ohne Musik. Der Herr beginnt links, die Dame rechts.«

Oh Gott, wie soll man das denn alles behalten?

»Das ging ja schon ganz wunderbar! Und bitte jetzt mit Musik. Dann geht alles wie von selbst. – Na, versuchen wir es doch mal! Der Herr beginnt links, die Dame rechts. Eins, zwei, tipp! Eins, zwei, tipp!«

Und siehe da. Es geht doch. Macht sogar Spaß. Dass das so einfach ist, hätte ich gar nicht gedacht.

»Das müssen wir zu Hause aber weiterüben«, sagt meine Frau.

Zu Hause wird eine alte CD von Tom Jones herausgeholt und aufgelegt.

»It's not unusual to find that I'm in love with you. Whoa – Whoa-oh-oh-oh!«

»Wann ist die nächste Tanzstunde?
Ach was, erst in einer Woche?«
Und was sagt uns das?
Tanzen! Eine wunderbare Möglichkeit, Sinnlichkeit wieder neu zu entdecken.

KAPITEL SIEBEN

»HALTUNGSSCHÄDEN BEGINNEN IM KOPF. NICHT IM RÜCKEN«

JUPP MÜLLER

51
Wie der Mut zu einer Entscheidung beglücken kann

Eine Anzeige in unserem Wochenblatt bringt mich auf eine neue Idee zur Gestaltung meines Ruhestandes. Das Oldiekabarett sucht »Nachwuchs«. Wer über 65 ist und Lust hat, auf der Bühne zu stehen, soll sich melden.

Das wär doch was für mich. Ich habe ein Publikum, das mir nicht entwischen kann, und ich bekomme am Ende noch Beifall für meinen Bühnenauftritt – zumal das Oldiekabarett nur ein paar Straßen weiter beheimatet ist. Ich suche den Rat meiner Frau.

»Ja, mach, was du willst, wenn du es denn willst«, sagt sie.

»Ich kann ja mal gucken. Wenn's nichts ist und die nicht wollen, dass ich da mitmache, dann will ich natürlich auch nicht, aber wenn die wollen, dass ich soll, dann würde ich mich freuen, wenn ich dürfte.«

»Ja, kommen Sie doch mal vorbei. Dann können wir uns ein Bild von Ihnen machen. Wir haben sowieso Männerbedarf«, sagt die Regisseurin vom Kabarett am Telefon. »Wir treffen uns einmal in der Woche und proben.«

So erscheine ich mit weichen Knien am Donnerstag zur Probe.

»Wir singen Lieder, spielen Sketche und tragen Gedichte vor. Einen Pianisten haben wir auch. Ach ja, noch was, wir duzen uns hier alle. Was kannst du denn so anbieten?«

»Wie anbieten?«

»Na, was könntest du auf der Bühne so von dir geben?«

»Ach so – ich könnte Gedichte vortragen, zum Beispiel was von Johannes Conrad.«

»Ja, dann mach doch mal.«

»Das muss ich aber ablesen. Ich bin jetzt zu aufgeregt.
›Wenn ich nur darf,
wenn ich soll,

aber nie kann, wenn ich will,
dann kann ich auch nicht,
wenn ich muss.
Wenn ich aber darf,
wenn ich will,
dann kann ich auch,
wenn ich muss.
Denn merke: Die können sollen,
müssen auch wollen dürfen.‹«

»Ja, sehr schön, aber ich glaube, das ist für unser Publikum ein wenig zu anspruchsvoll. Und vor allen Dingen darfst du das nicht so schnell runterleiern. Das Publikum muss sich doch darauf einstellen können. Das braucht Zeit, um den Text zu verstehen. Unser Publikum ist eher im fortgeschrittenen Alter, so wie wir es hier auch sind. Langsam, langsam – und Betonungen in den Text bringen, nicht so monoton sprechen, Kunstpausen setzen. Dann kommt der Text auch rüber.«

»Wenn es nicht so anspruchsvoll sein soll, dann kann ich ja was von Freddy singen:

›Schön, so schön, schön war die Zeit.

Schön, so schön, schön war die Zeit.‹«

»Ja, Klasse, das kennt das Publikum und könnte vielleicht mitsingen. Dann wollen wir doch mal sehen, wie du in unser Programm reinpasst.«

Die anwesenden Mitglieder des Kabaretts sind mir wohlgesinnt und denken bestimmt: Okay, der kann bei uns mitmachen, der ist keine echte Konkurrenz für uns.

»Wir haben beim Schlusslied noch Besetzungsprobleme. Da kommt immer das Couplet von Otto Reutter: *Nehm'n Sie 'n Alten!* Da könntest du den dritten Mann machen, wenn du willst.«

Und was sagt uns das?

Ob Mut belohnt wird, erweist sich meist erst später, aber der Tag, an dem man eine Entscheidung trifft, ist immer ein glücklicher Tag.

52

Wie das banale Fußballgucken zu einer Erkenntnis führen kann

Ich bin eingeladen worden. Zum Fußballgucken.

»Mensch, komm doch vorbei. Alleine gucken ist doch langweilig. Hab noch ein paar Freunde eingeladen. Bier steht gekühlt in der Badewanne und der Grill ist auch angeworfen.«

Und so gehe ich zum Fernsehfußballgucken, denn Deutschland spielt. Gegen Polen.

Schweini spielt. Wenn das man gutgeht, wo der doch jetzt für 21 Millionen Ablöse nach Manchester gegangen ist.

»Der ist doch jetzt ein suspekter Spieler. Auf den kann man sich nicht mehr verlassen. Der hat eigentlich gar keine Lust mehr, für Deutschland zu spielen«, sagt der Gastgeber.

»Mir ist es eigentlich egal, wer gewinnt«, sage ich. »Das ist gut für meinen Blutdruck.«

»Das kann doch wohl nicht wahr sein. Du musst doch für eine Mannschaft sein, sonst braucht man doch gar nicht zu gucken«, sagt der Gastgeber.

»Ich bin für ein Unentschieden, damit wären dann alle zufrieden«, sage ich.

»Ich nicht. Es geht doch um das Weiterkommen. Der Sieger hat sich dann eigentlich schon qualifiziert für die Europameisterschaft. Und Deutschland muss siegen, sonst könnten sie am Ende noch rausfliegen.«

Der Fernseher ist groß wie eine Leinwand. Beim Abspielen der Nationalhymnen fährt die Kamera an den Gesichtern der Spieler vorbei. Das Bild ist so scharf, dass man sogar Schweinis Narbe unter dem rechten Auge erkennen kann, die er sich im Endspiel der Weltmeisterschaft gegen Argentinien zugezogen hat. Boateng und Özil singen nicht mit.

Von der geöffneten Terrassentür zieht ein Duft vom Grillfleisch herein. Jetzt müsste bald mal einer danach gucken, sonst kann man alles sofort in den Biomüll werfen.

»Ich bin für den Nichtfavoriten«, sage ich.

»Dann bist du für Polen«, sagen die Anwesenden.

»Nein, bin ich nicht. Polen hat die Deutschen im Hinspiel geschlagen. Dann sind die doch die Favoriten und nicht Deutschland. Warum sollte ich dann für Polen sein. Ich kann ja noch nicht mal die Sprache. Ich bin eben aber auch nicht für Deutschland, obwohl ich die Sprache kann.«

Das fordert Unverständnis bei den Anwesenden heraus.

»Ach ja, du findest doch Deutschland deshalb nicht gut, weil du ja alles in Deutschland scheiße findest. Das ist ja wohl nach wie vor Mode bei den Kommunisten, alles, was hier passiert, scheiße zu finden. Ich kann dir wirklich nicht folgen. Was willst du sagen?«

»Ich will nur sagen, dass mir das Ergebnis schlichtweg egal ist. Übrigens, wenn du mich mit ›Kommunist‹ gemeint hast, das stimmt nicht. Ich will keine Diktatur der Arbeiterklasse. Ich will meine Ruhe, bin Ruheständler, der froh ist, dass er am Ersten des Monats seine Kohle kriegt.«

»Na nu hör mal auf. Das kann doch wohl nicht wahr sein. Du musst dir zu allem eine Meinung bilden.«

»Das würde ich ja gerne. Es wird dir bloß schwer gemacht, eine Meinung zu bilden. Beispiel Griechenland. Weißt du da eine Lösung? Da kann ich noch so viele Zeitungen lesen oder Fernsehberichte sehen. Wie man es auch immer machen wird, es ist in jedem Fall falsch. Merkel ist doch eine arme Sau. Ich könnte mich nicht entscheiden, wäre unentschieden. Ich möchte nicht in ihrer Haut stecken.«

»Nun halt mal endlich die Klappe. Ich will Fußball gucken. Und nichts weiter.«

»Genau, sag ich doch schon seit Langem. Du lässt dich ruhigstellen durch Fußball. Das reicht dir. Brot und Spiele.«

»Also, wenn du hier nur schlechte Laune verbreiten willst, dann kannst du dich auch verkrümeln.«

»Nein, das will ich nicht. Ich hatte gedacht, dass man mit euch einen netten Abend verbringen kann. Nur weil ich sage, dass es mir egal ist, wer gewinnt, gibt es hier Stress.«

»Oh, hör auf! – Willst du was trinken? Saft, Bier, Wasser, Wein?«

»Alles!«

»Na, sag ich doch!«

»Was?«

»Du kannst dich einfach nicht entscheiden.«

Und was sagt uns das?

Wer immer nur unentschieden ist, der wird irgendwann vom Schicksal zu einer Entscheidung gezwungen.

53

Wie man eine Nacht nicht verbringen sollte

Die Wissenschaft streitet sich, wie viel Schlaf der Mensch in welchem Alter benötigt. Diese Erkenntnisse sind mir relativ egal, denn nachdem ich im Ruhestand bin, kann ich völlig selbstbestimmt acht bis neun Stunden schlafen und fühle mich am nächsten Morgen pudelwohl. Wenn ich denn durchschlafe.

Der mittelmäßige *Tatort* im Ersten ist beendet, meine Gattin verabschiedet sich ins Bett. Ich will noch aufbleiben, weil ich mir die Zusammenfassung der Bundesligaspiele ansehen will. Außerdem kann ich mir in aller Ruhe einen Gin Tonic genehmigen, ohne Gefahr zu laufen, Vorwürfen meiner Gattin anheimzufallen. Der Drink ist frisch. Dazu passen die gestern eingekauften Salzbrezeln.

Die Übertragung zieht sich. Ein zweiter Drink ist angesagt. Ich habe keinen Appetit auf noch mehr Brezeln, aber der im Kühlschrank lagernde Edamer reizt mich. Dann folgt der Rest des Eintopfes. Herrlich, diese Scheibe Vollkornbrot mit Käse. Kurz nach Mitternacht folge ich meiner Gattin ins Bett. Ich schlafe sofort ein, wache aber bereits nach zwei Stunden wieder auf. Der Magen fühlt sich schwer an, die Gedanken fliegen. Kurz bevor mich der Schlaf wieder übermannt, wird es wohl vier Uhr gewesen sein. Nach Träumen, die einfach nur schwer und fantastisch sind, wache ich um elf Uhr auf. Nach einem Blick in den Spiegel bin ich überrascht, dass meine Gattin mich erkennt.

Und was sagt uns das?

Für schlechten Schlaf im Ruhestand sind nicht immer andere verantwortlich.

54

Wie der Ruheständler aus einem schlechten Beispiel lernen kann

Herbert ist mein Nachbar. Der ist auch Ruheständler. Jetzt, wo seine Frau vor Kurzem gestorben ist, macht es den Eindruck, dass er nach neuen Aufgaben sucht. Auffällig ist aber, dass er sich hängen lässt. Zumindest hängt seine Trainingshose in den Knien, auf der noch die Marmeladenreste der letzten Tage zu sehen sind. Sein Zehntagebart unterstreicht diesen Eindruck. Auf seinem T-Shirt ist Che Guevara zu sehen. Da aber sein Gesicht durch den Bauch von Herbert in die Breite gezogen wird, sieht es so aus, als wenn auch Che in die Jahre gekommen sei. Das Revolutionäre ist Che irgendwie abhandengekommen. Aber in Herbert steckt das Revolutionäre noch.

Er hat ja jetzt Zeit und ist deshalb »Wutbürger« geworden, regt sich über alles auf und muss das auch jedem mitteilen. Vor seinem Haus an der Straße hat er ein Schild für Hundebesitzer aufgestellt: »Nehmen Sie die Scheiße Ihres Hundes mit, sonst werden Sie angezeigt!« Freundlich klingt das nicht gerade, aber er muss ja wissen,

was er tut. »Sonst verstehen die Leute das nicht«, sagt er. Als Wutbürger ist er ständig wütend. Gibt es mal nichts, worüber er wütend sein kann, dann denkt er sich was aus. Jetzt ist ihm aufgefallen, dass die Laster viel zu schnell durch unseren Ort fahren. Da die Gemeinde und die Polizei nichts dagegen tun, ist er selbst aktiv geworden. Und so hat er seinen alten, nicht mehr zugelassenen Golf wieder in Gang gesetzt und ihn auf die Straße gestellt. Jetzt müssen die Laster abbremsen, wenn ihnen auf der anderen Straßenseite jemand entgegenkommt. »Es ist doch toll, was man durch Eigeninitiative alles bewirken kann. Da wäre ja mal eine Anerkennung der Stadt fällig«, sagt Herbert.

Das Ordnungsamt unserer Gemeinde sieht das aber ganz anders und schickt ihm einen Brief. Er solle auf der Stelle den Wagen entfernen, da sonst ein Zwangsgeld erhoben werde. Darauf ist er sofort mit seiner Schlabberhose, seinem Che-Guevara-T-Shirt und seinen ausgelatschten Birkenstockschuhen in das Ordnungsamt der Stadt gestürmt. Mit vorgehaltener Pistole fragt er sich durch zum verantwortlichen Sachbearbeiter. Als er ihn schließlich findet, fragt der ihn, ob er das ernst meint mit der Pistole.

»Ja, das ist mein heiliger Ernst.« Und um dem Ganzen Nachdruck zu verleihen, schießt er in die Decke des Rathauses, worauf der Sachbearbeiter unter seinen Schreibtisch springt und um Gnade fleht. Man könne doch über alles sprechen. Lösungen ließen sich doch immer finden, wenn beide Seiten bereit seien, aufeinander zuzugehen.

Die Lösung kommt in einer Hundertschaft der Polizei, die das ganze Rathaus umstellt und Scharfschützen an verschiedenen Stellen vor und hinter dem Rathaus platziert.

Der diensthabende Chef der Polizei fordert Herbert über Megafon auf, das Gebäude unverzüglich und ohne Waffe zu verlassen. Über Telefon lässt Herbert aber wissen, dass er nur das Gebäude verlassen werde, wenn die Stadt den Brief zurücknähme. Der Sachbearbeiter sei dazu bereit. Das habe der ihm gerade schriftlich versichert, sogar mit Stempel der Stadt. Jetzt fehle ihm nur noch die Genehmigung des Bürgermeisters.

Inzwischen ist die Ortspresse vor Ort, und auch das Regionalfernsehen trifft nach kurzer Zeit ein, das zufällig in der Nähe einen Bericht über Bauer Harder drehte, der über die Problematik in der heutigen modernen Schweinehaltung berichten sollte.

Als Herbert schließlich mit erhobenen Händen das Rathaus verlässt, werden ihm auf der Stelle Handschellen angelegt. Mit einem Peterwagen geht es in die Polizeistation, wo man ihn wegschließt.

Am Abend wird in den TV-Regionalnachrichten von einer älteren Person gesprochen, die ihre wirren Forderungen im Rathaus gewaltsam durchsetzen wollte. Sein Gesicht ist unkenntlich gemacht. Aber jeder im Ort kennt ja Herbert mit seiner Schlabberhose, dem Che-Guevara-Hemd und den ausgelatschten Birkenstockschuhen.

Seit heute ist sein alter Golf von der Straße verschwunden, und die Laster können wieder viel zu schnell durch den Ort fahren. Herbert ist auch verschwunden. Ich sollte mal bei der Polizei nachfragen, wo er abgeblieben ist. Schließlich muss man sich ja um seine Nachbarn kümmern. Das wäre ja wohl das erste Vernünftige, was in dieser Sache passiert ist.

Und was sagt uns das?

Selbstgerechtigkeit führt nie zu richtigen Entscheidungen.

55

Wie aus Kleidern Leute gemacht werden – auch im Ruhestand

Vor meinem Ruhestand, noch im Berufsleben, hatte ich mir wie selbstverständlich einen Dresscode auferlegt. Lederhalbschuhe in Braun oder Schwarz waren ebenso eine Selbstverständlichkeit wie die Bügelfaltenhose aus feiner Schurwolle. Dazu passte das gebügelte Oberhemd, das je nach Temperatur mit oder ohne Pullover, aber auf jeden Fall mit Sakko getragen wurde.

In den ersten Tagen meiner unbegrenzten Freizeit erschien ich zum Frühstück zwar nicht im Sakko, aber den Rest meiner »Berufskleidung« ließ ich mir nicht nehmen. Meine Gattin äußerte sich mir gegenüber auch nicht dahingehend, ob sie das gut fand oder etwas Legeres bevorzugen würde. Was wohl so zu interpretieren war wie: »Hauptsache, er fühlt sich wohl.«

Ich stehe nach dem Frühstück, die Morgensonne genießend, in unserem Garten und staune wieder einmal, wie schnell sich die Natur nach dem Frühjahr entwickelt. Auf dem Grundstück nebenan verlässt gerade mein Nachbar das Haus. Gerd ist wirklich ein netter Kerl. Wir duzen uns schon seit Jahren, und Nachbarschaftshilfe ist kein Fremdwort für ihn. Er ist bereits seit einem Jahr im Ruhestand. Wir plauschen über Banales, bis er sich verabschiedet, weil er einkaufen muss.

»Einkaufen in diesem Outfit?«, geht es mir durch den Kopf. Gerd trägt einen Jogginganzug mit offenen Sandalen und weißen Socken. Wie kann man denn so zu Hause rumlaufen, geschweige denn sich sogar unter andere Menschen begeben? Ich bin verstört. Der nette Kerl.

Am nächsten Morgen beim Anziehen fällt mir mein Nachbar Gerd wieder ein. So möchte ich nicht enden. Aber der Gedanke an eine leichtere Fußbekleidung gefällt mir schon. Müssen ja zu Hause nicht immer diese ledernen Halbtreter sein. Irgendwo hatte ich doch noch Pommernpuschen: oben karierter Filz, unten Gummisohle. Hat mir vor 20 Jahren mal meine Mutter zum Geburtstag geschenkt. Als Erinnerung an ihre Heimat. Nach einer viertel Stunde werde ich fündig. Ich schlüpfe hinein und bin nach ein paar Schritten begeistert, wie wohlig sich das anfühlt. Bei meinem Auftritt im Wohnzimmer starrt mich meine Gattin entgeistert an: »Das ist nicht dein Ernst!« Meine laue Erwiderung »Nu lass doch mal. Einfach mal zum Ausprobieren« quittiert sie mit einem Kopfschütteln. Ich erprobe mich während des Tages und fühle mich sauwohl.

Am Abend haben meine Gattin und ich das Gefühl, dass in der Glotze nichts Vernünftiges läuft. Ich zappe und bleibe bei einer der zahlreichen Talkshows hängen. Da propagiert ein Jungspund gerade sein Start-up-Unternehmen. Jogginghosen seien unheimlich im Kommen. Es würde nicht lange dauern, und auch die Banker würden dieses Beinkleid tragen. Obwohl so banal und unglaublich, schlafe ich mit dieser Vorstellung ein und wache damit auf.

Irgendwo, verdammt noch mal, habe ich doch noch so ein Teil liegen. Hab doch vor Jahren mit so etwas gejoggt. Schranktür auf, Schranktür zu. Schublade auf, Schublade zu. Nach einigem Gesuche und Gewühle finde ich das Objekt meiner Begierde: eine Jogginghose aus Ballonseide in, gelinde gesagt, etwas knalligen Farben. Ich entledige mich meiner Flanellhose mit Bügelfalte und streife das leichte Beinkleid über. Es trägt sich wirklich angenehm. Ich wage den Gang ins Wohnzimmer. Meine Gattin schaut noch nicht einmal entgeistert, sondern verlässt sofort den Raum. »Ach ja, was hast du denn?«, rufe ich hinterher. » Den Jungunternehmer gestern in der Talkshow fandest du doch sehr interessant mit seiner Jogginghosenidee!« Noch rätselnd, was sie zu solcher Reaktion treibt, stelle ich mich vor den Spiegel. Na ja, die karierten Pommernpuschen stehen vielleicht im starken Kontrast zu der knalligen Ballonseidenjogginghose. Aber ansonsten …

Ich mach mich weiter auf die Suche und entdecke ein T-Shirt. Passt doch irgendwie besser. Nachdem ich auch noch die Ballonseidenjacke, passend zur Hose, auf dem Dachboden gefunden habe, posiere ich vor dem Spiegel. Ich bin mir fremd, aber gleichzeitig fühle ich mich »entsteift«. Das fühlt sich richtig gut an.

Ich versuche, mich an mein neues Outfit zu gewöhnen, und streife durch den Garten.

Gerd, mein Nachbar, begrüßt mich freundlich. Irgendwie habe ich das Gefühl, freundlicher als sonst. Ich kann nicht umhin festzustellen, dass er meine Bekleidung begutachtet. »Na, endlich im Ruhestand angekommen?«, fragt er.

Ich betrete unser Haus mit der freudigen Ankündigung, dass wir heute mal gemeinsam einkaufen könnten. Es könne gleich losgehen. Meine Gattin kommt in das Zimmer mit einem:

»Das ist ja toll! Du denkst doch nicht daran, mit mir in diesem, diesem …«, ihr scheinen die Worte zu fehlen, »… in diesem Aufzug außer Haus zu gehen?«

»Dann geh doch alleine!«

Während meine Gattin die notwendigen Einkäufe allein tätigt, habe ich Zeit, in mich zu gehen. Ich trete noch einmal vor den Spiegel. Auch wenn ich mich immer noch in den Klamotten völlig entspannt fühle, muss ich feststellen: Das bin nicht ich – auch nicht im Ruhestand. Ich greife zu den Jeans. Fühlt sich gut an. Die Gattin kommt vom Einkauf zurück und stellt fest:

»Na bitte, warum nicht gleich so?«

Und was sagt uns das?

Selbstfindung ist ein zentraler Bestandteil des Ruhestands. Kleidung spielt auch eine Rolle.

56

Wie man auf Sinnsuche gehen kann

Wir treffen uns spontan zwischen zwei Stammtischen. Von Dienstag bis Dienstag ist uns einfach zu lang. Auf griechischen Wein und griechisches Essen können wir nicht eine ganze Woche verzichten. Wir sind eine reine Männerrunde. Schulle, Diedel, Werner, Christos und ich nutzen einen lauen Sommerabend, um nach seichtem Vorgeplänkel ins Philosophieren zu kommen. Drei Ruheständler tauschen ihre Ansichten mit zweien aus, die zwei Jahre vor dem Ende ihres Berufslebens stehen.

Wie den Ruhestand überleben, wie die Zeit sinnvoll gestalten, und wie lange möchte man eigentlich leben, sind die Themen, die uns nach dem ersten Glas Rosé umtreiben. Das Leben an und für sich wird natürlich auch thematisiert.

Ich bring das Ganze in Gang, indem ich ein paar Zitate von mir gebe. Dass ich die erst zwei Stunden zuvor in meiner Wochenzeitung gelesen habe, halte ich nicht für erwähnenswert. Kann schließlich nie schaden, ein bisschen Bildung vorzutäuschen.

Als Erstes zitiere ich Hugo von Hofmannsthal: »Die Zeit ist ein sonderbar' Ding. Wenn man so hinlebt, ist sie rein gar nichts. Aber dann auf einmal, da spürt man nichts als sie.« Bevor die Runde reagieren kann, setze ich noch einen obendrauf. Jean Paul ist da noch etwas herber: »Man steigt den grünen Berg des Lebens hinauf, um oben auf dem Eisberge zu sterben.«

So schwere Kost muss erst mal verkraftet werden. Mit einem weiteren Schluck Rosé scheint das zu gelingen. Mit dem Hofmannsthaler Ausspruch gehen alle konform. »Es ist ein Wahnsinn, wie die Zeit dahinfliegt«, meint Schulle, der den Ruhestand noch nicht erreicht hat. Diedel, der schon seit Jahren pensioniert ist, kann ihm nur beipflichten. Selbst ohne Arbeit spürt er den Zeitenschwund. »Wenn ich bedenke, wie ich in jungen Jahren in den Tag hineingelebt habe ... Ich hab nie an die Zukunft gedacht. Die hatte ich ja. Und jetzt denke ich im Oktober: Das kann doch nicht sein. In zwei Monaten ist schon wieder Weihnachten. Von meinen Geburtstagen ganz zu schweigen. Vorgestern noch bin ich die 100 Meter in elf Sekunden gelaufen, die Haare waren voll und dunkel, die Mädels haben mich angebaggert. Und heute? Mit 70? Vielleicht würde ich noch das Sportabzeichen schaffen. Vielleicht. Ich probier's lieber nicht. Die Haare sind grau, wenn ich mich selbst belüge. Eigentlich sind sie weiß. Und das mit den Mädels vergessen wir mal ganz schnell.«

»Du hast ja so recht. Geht mir genauso«, wirft Werner ein. »Aber die Formulierung von Jean Paul, dass wir auf einem Eisberg sterben, find ich nicht in Ordnung.« Er regt sich so auf, dass sein Mannheimer Dialekt wieder durchkommt.

»Wenn es blöd kommt und ich in ein paar Jahren Parkinson, Alzheimer, Lungenkrebs, einen Schlaganfall oder alles auf einmal bekomme, dann hab ich die Arschkarte. Ich kann nur hoffen, dass nichts davon eintritt, denn ich will meinen Ruhestand genießen und sehe immer noch den grünen Berg und zum Schluss keinen Eisberg, sondern eine sonnenumflutete Alm.«

Gut, darauf einen Rosé.

»Lasst uns doch mal das mit dem Lebensende anders betrachten«, wirft Christos, unser Grieche, ein.

»In den White Mountains in Kalifornien gibt es sehr alte Bäume, die werden über 4.000 Jahre alt. Was wäre, wenn wir so alt werden würden?«

Werner, ganz pragmatisch, rechnet: »Dann wäre ich jetzt noch 3.935 Jahre im Ruhestand.«

»Aber«, werfe ich ein, »in Anbetracht der Tatsache, dass die Zeit immer schneller verläuft, wäre das doch eine fabelhafte Sache. Natürlich immer unter der Voraussetzung, dass man gesund bleibt.«

Die Argumente wogen hin und her. Diedel kann wie üblich nicht beim Thema bleiben und fragt die Diskussionsrunde:

»Willst du mit einer 4.000 Jahre alten Frau schlafen?«

Schulle beendet die Runde mit einem Zitat von Oscar Wilde:

»Am Ende wird alles gut. Wenn es nicht gut wird, ist es noch nicht das Ende.«

Und was sagt uns das?

Auch Sinnsuche mit Freunden gestaltet den Ruhestand.

Wie man verhindert, dass Träume nicht wahr werden

Mein Freund Rainer, Ruheständler wie ich, fängt auf einer Golfrunde im Dezember – ja, wir sind süchtig und spielen auch im Winter, wenn kein Schnee liegt – an zu träumen. Einmal möchte er noch Cabrio fahren. Einmal im späten Frühjahr gemeinsam mit seiner Frau mit dem Cabrio durch die Lavendelfelder der Provence cruisen. Das wär was. Mein Einwurf »Und was hindert dich?« lässt ihn wohl nachdenken. Eine Woche später erzählt er begeistert, dass er schon in der Planungsphase sei. Ein Cabrio für zwei Wochen zu mieten sei gar nicht so teuer, wie er dachte. Die Sonnenbrille ist ebenso schon gekauft wie die Lederjacke. Könnte ja bei dem erhofften Sonnenschein im offenen Wagen auch manchmal kälter werden. Außerdem ist er dabei, die Route akribisch zu planen, denn schließlich will er seiner Frau nicht zumuten, nächtens vor einem besetzten Hotel zu stehen.

Anfang Februar steht seine Planung. Im April soll's losgehen. Eine Unterkunft in Freiburg ist als erster Stopp vorgesehen. Die Strecke ist am ersten Tag gut zu machen, ohne sich auf der Autobahn zu stressen. Außerdem haben er und seine Frau ihre Flitterwochen dort verbracht. Da kommen bestimmt in dem idyllischen Städtchen schöne Erinnerungen hoch.

Dann geht es weiter in die Provence. Die Lavendelstraße von Nyons nach Digne-les-Bains ist das Ziel. Die Etappen sind geplant, und die Hotels sind gebucht. Der Start ist für den 10. April festgelegt. Rainer schwärmt von der bevorstehenden Reise. Ich unterdrücke mein Bedauern, dass ich für zehn Tage meinen Golfpartner verliere, freue mich aber auch für ihn, dass er seinen Traum leben kann.

Mein Bedauern ist unbegründet. In der ersten Aprilwoche teilt er mir mit, dass er die Reise abgesagt hat. Seine Frau will nicht. Gründe werden nicht erläutert.

»Und warum dann nicht alleine?«, frage ich.

Ich kriege keine Antwort, nur ein Gegrummel ist zu hören.

Und was sagt uns das?

Träume, die mit anderen verwirklicht werden sollen, müssen gemeinsam geplant werden.

58

Wie man sich den Blick für das Wesentliche bewahrt

Jeder Mensch hat Haare. Die können glatt, gewellt, lockig, dunkel, blond, rot, dick oder dünn sein. Dafür kann man nichts, das ist genetisch vorbestimmt.

Ist man in der Jugend stolz auf sein volles Haar, das einmal bis auf die Schultern hing und allenfalls für die ältere Generation ein Ärgernis war, geht es beim Ruheständler in die andere Richtung. Der Alterungsprozess beginnt. Damit muss man erst mal klarkommen. Das eigene Haar wird einem selbst zum Ärgernis. Auf dem Haupte gehen die Haare aus und wandern nun an Stellen, wo man sie überhaupt nicht haben will: auf den Schultern, auf dem Rücken, um die Brustwarzen herum, auf den Fingern, in der Nase, in den Ohren. Es gibt eigentlich keine Stelle, wo sich das Haar nicht ausbreitet. Der Ruheständler muss nun zur Tat schreiten. Er muss seinen Haupthaargarten wie ein Gärtner seinen Rasen pflegen. An Stellen, wo sich Wüstenei breitmacht, eine Glatze entsteht, eine Haartransplantation in Erwägung ziehen. Wem das zu schmerzhaft und zu teuer ist, der lässt seine Haare an den Rändern lang wachsen und kämmt diese über die Blößen des Kopfes. Bei Sturm oder Regen muss man allerdings damit rechnen, dass das ganze Kunstwerk verweht wird. Andere Glatzenträger schaffen sich einen »Fiffi« an. Nein, keinen Hund, ein Toupet, das etwas vortäuschen soll, was nicht mehr vorhanden ist.

»Weißt du noch, im letzten Sommer, als Herbert sein Toupet vom Ostseewind davonfliegen sah und er vergeblich hinter ihm herjagte? Wie peinlich war das denn! Ich fand's allerdings komisch.«

So weit ist es bei mir noch nicht, aber in welchem Zustand ist mein Haar!?

Es ist grau geworden, eigentlich eher weiß. Demnächst wird es wohl ganz weiß sein. Haare färben? Nein, nicht bei mir. Ich will doch keine Jugendlichkeit vortäuschen, die nicht mehr vorhanden ist. Auch das wirkt nur lächerlich.

Der heutige Haartrend geht zur Glatze. Das mag vielen Ruheständlern ja gelegen kommen. Für mich ist das nichts. Ich liebe mein langes graues Haar.

Meine Haare wachsen nicht mehr so schnell, aber sie wachsen, was meiner Frau dann irgendwann zu viel wird: »Nun geh endlich mal wieder zum Friseur! Siehst aus wie ein Waldschrat.«

Und so kommt es, dass ich mich auf den Weg zum Friseur mache. Dort muss ich warten und kann mein Umfeld beobachten. Eine Frau erzählt einer Friseurin von den Eheproblemen ihres Sohnes und wie doof sie die Frau ihres Sohnes findet.

»Er hätte doch ganz andere Möglichkeiten gehabt. So blendend wie er aussieht. Aber nein, es musste ja unbedingt die sein. Da konnte man reden, was man wollte. Nun hat er den Salat.«

Nach einer gefühlten Ewigkeit komme ich dran.

»Haare waschen?«

»Ja, bitte.«

Sie legt mir ein blau-grau kariertes Handtuch über den Kopf. Ich muss mich nun zu einem anderen Stuhl bewegen, vor dem ein großer Spiegel hängt. Der zeigt mich in meiner ganzen Schönheit. Mutter Teresa blickt aus dem Spiegel zurück.

»Wie viel darf ich abschneiden?«

»Na, so viel, dass nicht jeder gleich sieht, dass ich vom Friseur komme.«

»Wie lange waren Sie denn nicht mehr bei uns?«

»So ungefähr drei Monate.«
»Dann schneid ich mal drei Zentimeter ab.«
»Ja, machen Sie das.«

Am Ende ist die Prozedur überstanden. Die abgeschnittenen weißgrauen Haare werden von der Friseurin zusammengefegt und in den Mülleimer getan. Irgendwie deprimierend, denn sie gehörten eine Zeit lang zu mir.

Draußen weht es. Ich friere an den Ohren. Das wird wohl wieder für die nächsten drei Monate reichen oder so lange, bis meine Frau wieder was sagt.

Und was sagt uns das?

Der Ruheständler kann sich um alles Mögliche Sorgen machen. Wer sich ernsthafte Gedanken um seine Frisur macht, hat den Blick fürs Wesentliche verloren.

59

Wie man lernt, die Annehmlichkeiten des Ruhestandes zu genießen

Für viele meiner Zeitgenossen ist das immer schlechtere Benehmen ein untrügliches Zeichen für den sittlichen Verfall der Jugend. Die Klagen sind vielfältig. Da wird nicht mehr gegrüßt, wenn man sich auf der Straße begegnet. Die früher selbstverständliche Gepflogenheit, dass der Herr die Dame und der Jüngere den Älteren zuerst grüßt, gehört augenscheinlich der Vergangenheit an. Das Platzmachen, wenn eine Dreiergruppe die gesamte Breite des Gehsteigs für sich in Anspruch nimmt, findet mit 99-prozentiger Wahrscheinlichkeit nicht statt. Da muss man als entgegenkommender Solist eben auf die Fahrbahn ausweichen.

Bezug nehmend auf das deutsche Benimm-Werk glauben die Jungspunde wohl, dass man alles darf, nur nicht »einknigen«. Zu den Selbstverständlichkeiten gehörte es in überfüllten öffentlichen Verkehrsmitteln auch, dass älteren Mitreisenden der Platz angeboten wurde. Wenn das heutzutage geschieht, kommt das einem Mirakel gleich. Im Gegenteil. Da fläzt man sich in den Sessel und lagert die Füße auf dem gegenüberliegenden Sitz. Der eventuell an den Schuhen haftende Hundekot stört den Okupisten nicht, denn er muss ja da nicht als Nächstes sitzen. Zur Abschottung gegen die Mitmenschen hat man den Rucksack auf den Nachbarsitz gelegt und die Ohren mit Kopfhörern zugestöpselt.

Ich fahre das erste Mal seit Jahren wieder mit der S-Bahn. Der Zug ist voll. Nicht so voll, wie man das von der japanischen Eisenbahn kennt, wenn die Menschentrauben von außen von kräftigen Händen durch die Türen gedrückt werden, aber einen Sitzplatz gibt es nicht. Ich bin froh, einen Platz an einer Haltestange ergattert zu haben. Man weiß ja nie, wie der Zugführer heute so drauf ist. Ich kann mich an so rasante Anfahrten erinnern, dass Sebastian Vettel seine pure Freude gehabt hätte. Ebenso unangemessen waren manche Bremsmanöver. Die wurden nicht immer gleitend eingeleitet, sondern, um im Bild zu bleiben, hatte man das Gefühl, dass Vettel abrupt von einem Reifenstapel gebremst wurde. Soll mich heute nicht kümmern. Ich habe ja meine Haltestange fest im Griff. Ich füge mich in mein Schicksal. Die halbe Stunde Fahrzeit überstehe ich sicher stehend, ohne Schaden zu nehmen.

Nachdem ich mich an das für mich ungewöhnliche dichte Beieinander gewöhnt habe, traue ich mich, meinen Blick schweifen zu lassen. Neben müden, gelangweilten und in sich gekehrten Passagieren sehe ich das offene, freundliche Gesicht eines jüngeren Mädchens. Sie ist, so vermute ich, nach einem längeren Schultag auf dem Weg nach Hause. Sie winkt, in meine Richtung schauend, jemanden heran. Wahrscheinlich hat sie jemanden entdeckt, den sie kennt. Ich blicke umher, um zu sehen, wer gemeint ist. Ich blicke in teilnahmslose Gesichter. Das Mädchen winkt wieder, und erst jetzt wird mir klar, dass ich gemeint bin. Was auch immer sie will, dieses freundliche Gesicht kann ich nicht ignorieren. Ich überwinde mich, verlasse den sicheren Halt und schwanke zu der jungen Dame. Wie selbstverständlich steht sie auf und bietet mir ihren Platz an. Ich kann nicht anders. Um kein Aufsehen zu erregen, nehme ich ihr Angebot an und bedanke mich. Ich kann die Mienen der Umstehenden nicht interpretieren. Auf jeden Fall wundern sie sich nicht über das höfliche Benehmen des Mädchens, und ganz offensichtlich wundern sie sich auch nicht darüber, dass sie mir das Angebot gemacht hat.

Ich gehe in mich. Toll, dass es doch noch junge Leute gibt, für die gutes Benehmen kein Fremdwort ist. Aber mein Selbstwertgefühl ist getroffen. Jetzt ist es so weit. Dass ich Ruheständler bin, damit habe ich mich abgefunden. Aber dass mein Aussehen so offensichtlich belegt, dass ich diesen Lebensabschnitt erreicht habe, macht mir zu schaffen.

Am Abend versucht meine Gattin, mich mit der Bemerkung »Also ich wäre nicht für dich aufgestanden« zu trösten. Kommt irgendwie auch nicht gut an. Sie versucht, mir mit einer angeblich wahren Geschichte klarzumachen, dass gut Gemeintes nicht immer nur Gutes zur Folge hat:

»Eine ältere Dame steht wartend am Straßenrand. Der vorbeikommende Pfadfinder sieht seine Chance, nach dem Motto ›Jeden Tag eine gute Tat tun‹ zu handeln. Er hakt sich bei der älteren Dame ein und führt sie durch den laufenden Verkehr auf die andere Seite der breiten Straße. Dort verabschiedet er sich von ihr mit dem guten Gefühl, für heute das Pfadfindermotto erfüllt zu haben. Die ältere Dame schaut entgeistert, wie auf der anderen Straßenseite der Bus, den sie nehmen wollte, kurz anhält, um davonzufahren. Der nächste kommt in einer Stunde.«

Und was sagt uns das?

Wer lernt, die Annehmlichkeiten des Ruhestandes anzunehmen, spart sich überflüssiges Ärgern.

60

Wie man lernt, sich auf jeden
neuen Morgen zu freuen

Ich empfinde jeden Tag als Geschenk, und es gibt viele Menschen, die mein Leben bereichern. Leider stören mich aber auch viele Menschen dabei, diese Zeit bis ins Letzte zu genießen. Um Abstand zu den täglichen Unzulänglichkeiten zu gewinnen, hilft es mir, über einen Friedhof zu gehen. Hier kann ich ganz für mich und ganz bei mir sein.

Die Gräber erzählen Geschichten von Annegret, Hubert, Dagmar, Heinrich, sogar ein Adolf ist dabei. Daten werden genannt, Geburtstage und Todesdaten, Geburts- und Sterbeorte. Sie geben Auskunft über den Aufenthalt der Personen auf dieser Erde, über die Zeit, die manchmal lang war, manchmal kurz. Auf einem Marmorblock wird an Ingeburg Schulz, geb. Schumacher, erinnert, geb. 22. Nov. 1925, gest. 8. Juli 2009. Ihr Mann Paul ist schon 37 Jahre vor ihr gestorben. Vor dem Stein liegen keine Kränze, nur buntes Herbstlaub. Aus einer Steinritze wächst Farnkraut. Eine Krähe fliegt auf. Dabei kackt sie noch schnell auf den Gedenkstein.

Manche Namen sind in den Stein geschlagen, oder sie ragen reliefartig heraus. Buchstaben aus Bronze, aus Stahl sind auf den Steinen eingesetzt.

»Unvergessen!«, steht auf einem grauen schmucklosen Feldstein. Unvergessen? Längst vergessen.

Hinter dichten Rhododendronbüschen, kaum noch zu erkennen, stehen dunkle Steine aus dem vorletzten Jahrhundert. Der Verstorbene war einmal Kapitän auf einem Schiff der kaiserlichen Marine, ein anderer Oberbauinspektor bei der Stadt.

Die Gräber gefallener Soldaten aus den Kriegen stehen in Reih und Glied. Die meisten sind nicht viel älter als 18 Jahre alt geworden.

»Wir umarmen dich in stiller Liebe und in tiefer Dankbarkeit!«

Aufwendige Grabmäler ragen aus dem Einerlei der Steinreihen heraus. Ein Kupferengel, inzwischen durch die Witterung mit Patina überzogen, senkt seinen Blick und hält eine Lilie in der Hand. Es sieht so aus, als wenn er sich niederbeugen wollte, um die Blume auf das Grab zu legen.

Beim Verlassen des Friedhofes komme ich an einem frischen Grab vorbei. Die Kränze sind schon leicht verwelkt, und die Beschriftung auf den Trauerbändern beginnt langsam zu verblassen.

An einer Ecke des Friedhofes wird gearbeitet. Ein Grabstein wird entfernt. Er wird mit einem Baufahrzeug weggefahren, hin zu einem Platz, wo eine Dampframme den Stein zertrümmern wird, bis nichts mehr an den Menschen erinnert, der nie vergessen werden sollte. Nur Schotter bleibt zurück, der vielleicht im Straßenbau Verwendung findet.

Der neue Trend geht ja zum anonymen Grab. Man nimmt heutzutage Rücksicht auf die zurückbleibende Verwandtschaft. Die Grabpflege will man ihnen nicht zumuten. Und die Friedhofsgärtnerei damit beauftragen kostet Geld. Wozu? Der Verstorbene hat nichts mehr davon.

Freunde fragten uns neulich, ob wir gemeinsam einen Baum aussuchen wollen, im Nachbardorf gäbe es einen Friedhofspark, da könnten dann alle acht Freunde zusammen liegen, das wäre doch schön. Und es sei so ein wunderbarer Park. Nun ja, Karten spielen könnte man dann wohl nicht mehr, und die Aussicht, ich weiß nicht, ob es mich dann noch interessiert.

Und so merke ich, dass sich auch für mich allmählich der Kreis des Lebens schließt.

Ja, sich mal Gedanken machen, wie man es denn gegebenenfalls gerne hätte, kann nicht verkehrt sein. Und es dann seinen Lieben in einem günstigen Moment mitteilen, sollte man auch nicht vergessen.

Aber jetzt werde ich erst mal die Zeit nutzen, die ich noch habe. Ich werde meiner Frau sagen, was für ein toller Mensch sie ist, und

ihr danken, dass sie es so lange mit mir ausgehalten hat. Ich werde zu den Kindern fahren, mich zu den Enkelkindern setzen, mit ihnen spielen und sie beobachten. Ein Gefühl tiefer Zufriedenheit entsteht, etwa zu vergleichen mit einem Kaminfeuer, dem man zusieht, den Wellen der See oder einem Kornfeld, das der Wind bewegt.

Und was sagt uns das?

Freue dich über jeden Morgen, den du noch erleben kannst.

KAPITEL ACHT

IMMER IS' WAS

61

Wie man als Ruheständler helfen kann

Heute bin ich schon um sechs Uhr aufgestanden. Und das an einem Sonntag. Grund für diese Aktion ist nicht die senile Bettflucht des Ruheständlers, sondern ein junger Freund, der seine auf Leinwand gezogenen großformatigen fotografischen Bilder auf einem Markt verkaufen will. Ob ich ein bisschen mithelfen könne. Na klar, mach ich doch gern.

Die Sonne geht gerade auf, als wir unseren Stand herrichten. Neben uns baut ein Mann seine Pfannen auf. Er hat Reinigungspasten anzubieten.

»Bitte, schieben Sie Ihren Stand nicht so weit raus. Ihrer und mein Stand müssen eine Linie bilden. Sonst haben Sie mir gegenüber einen Marktvorteil.«

Reinigungspasten und Bilder, das sind ja wohl Produkte, die unterschiedliche Käuferschichten ansprechen. Na egal.

Auf der anderen Seite will jemand seine alten Platten, CDs und Comics loswerden.

Allmählich laufen die Marktbesucher auf. Obwohl es noch früh ist, ist der Drang zur Currywurstbude und zum Bier nicht zu übersehen. Ansonsten wird geglotzt. Nichts, rein gar nichts tut sich an unserem Stand. Und so trete ich in die Offensive und spreche die Leute an. Ihr gesenkter, ängstlicher Blick sagt mir, dass ich das lassen soll. Sie zeigen Fluchtverhalten, suchen nach Ausreden und verschwinden schnell im Gewühl der Menschen.

Einer sagt: »Komma, Chantall, die haben hier Bielder. Datt kannste doch auch. Odda? Se müssen nämlich wissen, meine Tochter fotografiert auch un hatt schon mal inne Schule 'n ersten Preis gekriecht. Woll? Datt war sogar inne *Ruhr-Nachrichten*, war datt. Ährlisch. Datt hängt getz bei uns üba dat Sofa. Und datt Bild ausse Zeitung hängt bei uns inne Küche. Omma, datt stimmt doch, watt isch erzähle. Odda?«

»Aha! Das ist ja toll«, sage ich.

»Chantall, komm doch ma her. Erzähl datt doch dem Mann ma, wie de da inne Schule den ersten Preis gekricht has – Chantall!«

Aber Chantall hört und kommt nicht. Sie bleibt bei dem Lastwagen stehen, aus dem ein holländischer Händler Bananen in die Menge schmeißt und dann Strohtaschen mit Obst anbietet, für zehn Euro.

Ja, wenn du denkst, du hast als Ruheständler schon alles erlebt, kommt von irgendwo ein Mensch aus dem Ruhrgebiet daher und erzählt dir was von seiner Chantall, deren Gemälde über dem Sofa hängt.

Am Ende ist kein Bild verkauft. Das Geschäft des Händlers mit seiner Reinigungspaste für Bratpfannen lief dafür umso besser.

»Die Leute kaufen nichts über 20 Euro, und es darf nicht größer sein als eine Handtasche«, sagt der Händler von nebenan.

»Ja, danke schön für den Tipp. Jetzt ist es zu spät.«

Nun muss ich meinen jungen Freund wieder aufrichten. Ein Bild ist eben keine Currywurst, keine Flasche Bier und keine Reinigungspaste für Bratpfannen. Ein Bild ist eine Anschaffung fürs Leben. Das kauft man nicht mal so eben auf einem Markt. »Junge, nimm's nicht so schwer. Es gibt Schlimmeres im Leben.«

Und was sagt uns das?

Es ist ein gutes Gefühl, als Ruheständler helfen und trösten zu können.

62

Wie man Vorruheständler gleichzeitig beruhigen und beunruhigen kann

Mein Freund Benno hat nur noch 18 Monate. Nein, keine beunruhigende Nachricht seines Hausarztes. Er hat nur noch 18 Monate zu arbeiten. Dann kommt der lang ersehnte, aber auch mit gewissen Ängsten behaftete Ruhestand.

Da ich schon drei Jahre Erfahrung hinter mir habe, vermutet er bei mir ein gewisses Expertentum. Recht hat er. Er freut sich zwar auf die Zeit ohne die tägliche Tretmühle, ist aber skeptisch, wie diese ohne alle festen Termine gestaltet werden kann. Er fragt mich aus.

»Was machst du eigentlich den ganzen Tag lang? Du musst dich doch zu Tode langweilen!«

Weil ich hinter seiner Frage echte Sorge spüre, komme ich ihm nicht mit der üblichen Plattitüde, dass ich als Ruheständler noch weniger Zeit hätte als zu der Zeit, als ich noch berufstätig war. Ich antworte vage.

»Im Haus gibt es immer was zu tun.«

»Nun erzähl mir nicht, dass du das Bad neu kachelst, bei deinen beiden linken Händen!«

Ich bin nicht beleidigt, denn er hat ja recht.

»Nö, aber ich mach das Frühstück und saug dann das Wohnzimmer durch. Dann klär ich mit meiner Gattin ab, was wir essen wollen, und fahre zum Einkaufen. Dann mach ich die Wäsche. Während die Klamotten im Trockner sind, bereite ich das Mittagessen vor. Nach einem kurzen Nickerchen mache ich den Abwasch und nehme die Wäsche aus dem Trockner und sortiere die Bügelwäsche aus. Manchmal fahr ich dann in die Stadt, um mir neue Hosen und Hemden zu kaufen. Schließlich will ich ja nicht völlig von der Mode abgehängt werden. Wenn dann vor dem Abendessen noch Zeit ist, mache ich mich ans Bügeln.«

Benno schaut mich mit großen Augen an. Ein gewisses Grausen ist nicht zu verkennen. Leichte Skepsis macht sich auch breit.

»Und was macht deine Frau?«

Und was sagt uns das?

Eine Beratung von Vorruheständlern ist ehrenwert. Man muss ja nicht immer die Wahrheit sagen.

Wie lästige Besuche zur Abwechslung beitragen können

Der Staubsaugervertreter hat sich bei uns gemeldet. Ob er denn bitte mal vorbeischauen kann. Er wolle den neuen Staubsauger durchchecken und wissen, wie man überhaupt zufrieden ist mit dem Gerät. Meine Frau ist beim Friseur, aber mit dem werde ich ja wohl auch alleine fertig.

Punkt zehn Uhr steht er auf der Matte und macht sich sofort ans Werk. Filter austauschen und die Länge der Bürstenhaare überprüfen und so weiter.

»Sind denn noch genügend Staubsaugerbeutel im Haus?«

»Weiß ich nicht.«

»Na, ich steh ja jede Woche auf dem Wochenmarkt. Wir bieten sechs Stück Micro-Vlies-Filterbeutel mit Mehrschichtsystem zu einem günstigen Preis an. Das sollte dann für ein Jahr halten. Zusätzlich bieten wir Ihnen noch Duftchips für die Halterung im Staubsauger. Über die Abluft sorgt das Gerät dann für angenehmen Frühlingsduft, auch im Winter.

»Ach was.«

»Und noch mal etwas zur Handhabung. Am besten saugt er im Automatikbereich, dann gleitet er am besten über den Flor der Auslegware, und er passt sich auch an, wenn er über die Fliesen geht.«

»Aber manchmal saugt er sich fest, und dann geht gar nichts mehr, und der Motor wird laut.«

»Ja, dann müssen Sie mit dem Fuß auf ›Soft‹ treten. Der grüne Hebel dafür befindet sich auf der Bürste. Ein kleines, gelb leuchtendes Lämpchen zeigt dann an, dass der ›Soft‹-Modus eingeschaltet ist. Dann geht es wieder. Wenn der Motor heult, dann ist die Umdrehungszahl zu hoch.«

»Im Urlaub hatten wir in der Ferienwohnung einen ›Hoover‹. Der war so saugstark, dass man Angst hatte, den Teppich mit einzusaugen.«

»Die Saugkraft ist bei einem Staubsauger nicht entscheidend. Hohe Saugkraft haben viele. Wichtiger ist die individuelle Kraft, die sich an dem Untergrund orientiert, zum Beispiel Hartboden oder Teppichboden, denn die Elektrobürste erkennt die verschiedenen Florhöhen und regelt selbstständig die Drehzahl für den zu reinigenden Untergrund. Das lästige Umstellen auf verschiedene Untergründe entfällt also, denn die Elektrobürste hat zwei rotierende Walzen, die über den eingebauten Motor angetrieben werden.«

»Wir haben ja auch noch den Wischsauger bei Ihnen gekauft. Muss man den Wischer eigentlich mit warmem Wasser befeuchten, oder reicht kaltes?«

»Kaltes Wasser reicht völlig, aber wenn Sie der Meinung sind, warmes zu nehmen, das ist dann auch in Ordnung. Warmes Wasser löst natürlich den Schmutz noch besser.«

»Auf Fliesen wischt der Saugnasswischer ja prima, auf Laminat hinterlässt er aber Streifen. Auch nach mehrmaligem Wischen und auf Hochglanzfliesen bleiben Wasserflecken zurück. Muss ich denn für jeden anderen Untergrund das Tuch wechseln und dann das Tuch neu befeuchten?«

»Es braucht eben einige Putzgänge, bis die alten Ablagerungen abgetragen sind. Dadurch müssen Sie sich nicht beunruhigen lassen. In hartnäckigen Fällen gehen Sie noch einmal mit einem Wischmopp rüber, bis sie dann mit unserem Softtuch wieder darübergehen. Benutzen Sie denn auch unseren Superclean, unseren Universalreiniger?«

Irgendwie bin ich an Loriot erinnert.

»Ist das das in der grünen Flasche?«

»Ja, da brauchen Sie nur einen Tropfen zu nehmen. Die eine Flasche reicht für Jahre. Da sollte es eigentlich keine Streifen mehr geben!«

»Dazu kann ich gar nichts sagen, meistens wischt meine Frau mit dem Wischsauger.«

»Sind Sie denn insgesamt zufrieden mit unserem Produkt?«

»Ja! Eigentlich schon, aber wie gesagt, beim Saugnasswischer hab ich das Gefühl, dass das Produkt noch nicht so ganz ausgereift ist.«

»Das werde ich meiner Firma sofort weiterleiten, denn wir wollen, dass unsere Kunden zufrieden sind. Wir produzieren Geräte, die sich durch Qualität, Leistungsfähigkeit, Bedienkomfort und Langlebigkeit auszeichnen. Wir heben uns von der Konkurrenz ab, man kann sagen, wir sind konkurrenzlos auf dem Markt. Das bestätigt auch wieder der neueste Test.«

Am Nachmittag erzähle ich meiner Frau vom Vertreterbesuch und was ich da alles gelernt habe. Sie ist sehr beeindruckt, wundert sich allerdings über meine Beschwerde angesichts der Streifen auf dem Laminat. »Wir haben doch gar kein Laminat.«

»Ach.«

Und was sagt uns das?

Vertreterbesuche sind lästig, aber sie können Abwechslung in den Vormittag bringen.

64

Wie man aus einem Apothekenbesuch eine erstaunliche Erkenntnis gewinnen kann

»Schatz, kannst du mir mal eben schnell noch die Augentropfen aus der Apotheke holen?« Also mit »mal eben schnell« läuft nun zur Zeit des Ruheständlers schon mal gar nichts. Stress war gestern. Klar, ich hole gerne die Augentropfen aus der Apotheke. Das läuft jetzt aber anders. Das Auto bleibt stehen. Jede Möglichkeit zur Bewegung nutzen, vor allem, wenn man keinen Hund hat. Der

Weg zur Apotheke geht zwar nicht über Almwiesen und auch nicht durchs Watt, aber watt macht's? Wie hatte der Entspannungscoach gestern im Radio gesagt? Vier Schritte bewusst einatmen, fünf Schritte anhalten, sieben Schritte ausatmen. Und so erreiche ich die Apotheke in total entspanntem Zustand.

Diese Einrichtungen werden oft nach Tieren benannt. Löwen, Adler, Hirsche oder Bären sind Namensgeber, alles vor Kraft strotzende Tiere, die keine Apotheke brauchen. Bloß wer da hineinschleicht, hat so gar nichts mit diesen Wesen zu tun. Dann doch besser: »Apotheke zum niedrigen Blutdruck«, »Apotheke zum heilsamen Schlaf« oder ganz schlicht »Pillenapo«.

Und so stehe ich mit dem Rezept meiner Frau in der Reihe und warte geduldig.

Vor mir herrscht Nachfragebedarf.

»Und denken Sie daran, den Beipackzettel zu beachten. Morgens drei vor dem Frühstück, dann zwei vor dem Mittag und nach dem Abendbrot eine.«

»Also, wie war das ma' noch? Nach 'm Frühstück wie viel?«

»Nein, vor dem Frühstück!«

»Was vor dem Frühstück?«

»Na, drei Dragees davon.«

»Und dann?«

»Ja, und dann immer so weiter, wie ich sagte.«

»Oh, oh, wenn ich das man hinkriege.«

Als Nächster bin ich dran. Wortlos übergebe ich der Apothekenhelferin das Rezept. Daraufhin verschwindet sie in den Katakomben des medizinischen Gemischtwarenladens. So habe ich Zeit, mich umzusehen. Was es da nicht alles gibt: Sprays für zu trockene Augen, Dragees für schöne Haut, Pillen gegen zu starken nächtlichen Harndrang – Damit Sie auch nachts ruhig schlafen können –, Sonnencreme – Schutzfaktor 30 –, Cremes gegen Hämorrhoidalbeschwerden, Präparate gegen Vitamin-D-Mangel, Hornhauthobel. Ich werde aus meinen Gedanken gerissen.

»Die Augentropfen sind nicht vorrätig. Die müssen bestellt werden. Aber morgen sind sie bestimmt da. Soll ich sie bestellen?«
»Ja, natürlich.« Was für eine Frage.
»Aber Sie können die Rechnung schon mal bezahlen.«
»Was soll das denn kosten?«
»99,80 Euro.«
»Das habe ich leider nicht bei mir und meine Scheckkarte auch nicht.«
»Dann bezahlen Sie das eben morgen.«
»Können Sie mir noch die *Bravo für Rentner* mitgeben?«
»Bitte was?«
»Die *Apotheken-Umschau*.«
»Aber natürlich!«
Die *Apotheken-Umschau* berichtet diesmal, wie man sich von der Sucht befreit: Alkohol, Tabak, Medikamente. Ein Drittel aller Depressionen geht auf das Konto von übermäßigem Alkoholkonsum. Und nicht nur die Leber leidet, sondern auch das Gehirn: Demenz, Schlaganfall.

Speiseröhre: Entzündung
Magen: Sodbrennen
Bauchspeicheldrüse: Entzündungen
Knochen: Oberschenkelhalsbruch
Blut: Eisenmangelanämie.

Na toll, so kann einem ja wirklich der Appetit auf Alkohol verdorben werden.

Warum trinkt man dann überhaupt? Weil es eine angstlösende, entspannende Wirkung hat und auch das Sprechbedürfnis fördert? Weil man seine Probleme vergessen will?

Vielleicht mal darüber nachdenken, ob man nicht ein paar Tage aussetzen sollte.

Und was sagt uns das?

Die Apotheke und der Alkohol können keine Probleme lösen, aber Wasser und Orangensaft auch nicht.

65

Wie der Besuch eines Baumarktes der Ablenkung dienen kann

Ich habe keinen Plan für den heutigen Tag. Keine Verpflichtungen, keine Verabredungen. Ich habe einfach nichts vor, aber auch keine Lust, so einfach in den Tag hineinzuleben. Was hab ich mich früher nach solchen Momenten gesehnt, und nun? Nun hab ich Zeit ohne Ende, kann aber »Carpe diem« ohne Beschäftigung nicht leben, bin mir aber sicher, dass das noch wird. Also muss »Action« her.

Nach längerer Zeit des Sinnierens – zwei Cappuccinos sind schon getrunken –, was ich denn Sinnvolles unternehmen könnte, hält sich mein Ideenreichtum in Grenzen. Um ehrlich zu sein: Mir fällt nichts ein. Ich folge meiner üblichen Strategie in solchen Situationen. Wenn die Kreativität auf null steht, kann man nichts erzwingen. Ablenkung tut not, dann kommen die Ideen von ganz alleine.

Die Tageszeitung hab ich schon abgearbeitet, aber der kostenlose *Anzeiger* liegt noch ungelesen da. Kann man ja mal reingucken. Zumindest die Todesanzeigen lesen, damit man auf dem Stand der Dinge bleibt. Der beigelegte Stapel mit Werbeprospekten fällt mir entgegen. Ich will ihn schon ignorieren, weil ich Werbeprospekte nur als Belästigung empfinde, da richtet sich mein Augenmerk auf die Reklame des örtlichen Baumarktes. Mich interessieren nicht die Sonderangebote, aber Erinnerungen werden wach. Wie oft bin ich früher dort gewesen. Obwohl handwerklich nicht besonders geschickt, hat es mich doch gereizt, Dinge selbst zu gestalten. Beginnend mit der Sandkiste und dem Baumhaus für die Kinder, der Gestaltung eines Schuppens für die Fahrräder und Gartengeräte, war ich regelmäßiger Kunde in unserem Baumarkt.

Mich treibt zwar noch keine Idee um, was ich als Projekt im Ruhestand angreifen könnte, aber man kann sich ja mal animieren

lassen. Ich teile meiner Gattin mit, dass ich zum Baumarkt fahre. Ihre Nachfrage, was ich denn da wolle, wir hätten doch alles an Schrauben und Nägeln, höre ich zwar noch, antworte aber nicht und sitze voller Vorfreude bereits im Auto.

Der Baumarkt war schon immer groß, aber seit ich vor Jahren da war, hat man die Fläche noch mal verdoppelt. Beim Betreten des Marktes fühle ich mich an die TV-Werbung erinnert, in der von einem vollbärtigen, eremitenhaften Mann behauptet wird, er sei seit vier Jahren im Baumarkt verschwunden. Er selbst könne sich nur erinnern, dass er falsch abgebogen sei.

Einigermaßen von der Vielfalt beeindruckt, beginne ich, durch die Produktgassen zu schlendern. Das Schöne ist, dass ich mich treiben lassen kann, weil ich nichts Bestimmtes suche und keinen Zeitdruck habe. Ist auch besser so, dass ich keinen Beratungsbedarf habe, denn keiner der Informationsstände ist besetzt. Das untermalende Musikgedudel, Helene Fischer ist mal wieder atemlos, wird nur von einer Geisterstimme unterbrochen, die Herrn A. bittet, in der Sanitärabteilung zu erscheinen.

Mein Blick schweift in den Gang mit den Bohrmaschinen und Akku-Schraubern. Irgendwie haben sie alle ihre eigene Ästhetik. Ich nehme ein Gerät in die Hand. Fühlt sich richtig gut an. Irgendwie angenehmer als meine alte Maschine zu Hause. Die Leistungsdaten sind beträchtlich, und ein Stahlkoffer mit allem möglichen Zubehör gehört dazu. Ein bisschen stolz auf mich bin ich schon, als meine Vernunft siegt und ich das Gerät zurücklege. Mein zehn Jahre alter Schrauber tut's doch auch noch. Ich muss zugeben, dass nicht nur die eigene Ratio zu dieser Entscheidung geführt hat. Im Hinterkopf habe ich die Erklärungsnot meiner Gattin gegenüber.

Ein anderer Kunde fährt an mir mit einem gefüllten Einkaufswagen vorbei. Tapetenrollen, Farbeimer, Rollen und Pinsel stapeln sich. Ein wenig neiderfüllt schau ich schon. Der weiß, was er will. Aber dann erinnere ich mich, dass ich nichts muss, aber alles kann.

Ein ganzes Regal ist mit den verschiedensten Schraubensorten gefüllt. Ich benötige zwar keine, aber ich kann mich an der Vielfalt nicht sattsehen. Schlitz-, Kreuzschlitz-, Spax- und Torxschrauben in unterschiedlichen Längen und Stärken werden angeboten. Ich erinnere mich, was für ein schönes Gefühl es war, wenn sich eine Schraube, vom Akku-Schrauber getrieben, in das Vollholz fraß. Aber wie meine Gattin beim Abschied richtig bemerkte, Schrauben finden sich in unserem Keller genug.

Ich kreuze die Elektroabteilung. Leuchtmittel ohne Ende. Früher hat man einfach nach Glühbirnen gesucht. 40, 60 oder 100 Watt. Dann kamen die Energiesparbirnen, das waren anfangs unästhetische Ungetüme, die wegen ihrer mangelnden Umweltverträglichkeit in Verruf kamen und von LEDs abgelöst wurden. Zu Hause sind noch alle Lampen heil. Ich kann verzichten.

Noch hat mich keine Anregung so gepackt, dass ich Lust auf Heimwerken hätte. Ich durchstreife die Holz- und die Sanitärabteilung, um mich in den Gartenmarkt treiben zu lassen. Nachdem ich die riesigen Pflanzenkübel und Strandkörbe bewundert habe, stehe ich vor dem Bereich, der sich mit Außengestaltung beschäftigt. »Ein Gartenteich macht jeden Eigenheimbesitzer reich«, prangt mir auf einem großen Banner entgegen. Trotz des unterirdischen Werbespruchs und des Gedankens, die sollten dringend die Werbeagentur wechseln, nähere ich mich dem Stand. Prall gefüllte Säcke mit weißen Kieselsteinen und Rollen mit Teichfolie fallen mir ins Auge. Ein Teich. Ein Teich in unserem Garten. Davon hat meine Gattin immer geträumt. Ich schaue mir interessiert das Zubehör wie Pumpe und Filter an, und siehe da, ein Verkäufer identifiziert mich als potenziellen Käufer. Er schätzt mich richtig ein. Ich habe keine Ahnung von der Gestaltung eines Gartenteiches. Aber auch wenn ich blauäugig bin, was das Vorhaben an und für sich betrifft, so vergesse ich die benötigten Investitionen nicht. Auf die Frage des Vermarkters, welche Größe ich mir denn vorgestellt habe, antworte ich nur mit einem vagen »Na, zu klein sollte er nicht sein«. – »Gut«, meint er, »gehen wir mal von einer Größe von 5 x 6 Metern aus. Dann müssen Sie mit Kosten von 6.000 Euro rechnen. Natürlich nur, wenn Sie alles in Eigenleistung machen.« Mein trockenes Schlucken nimmt er offensichtlich nicht wahr und will anheben, weitere Erläuterungen zu geben, aber ich verabschiede mich freundlich, ohne zu versäumen, mich für die außerordentlich kompetente Beratung zu bedanken.

Zu Hause empfängt mich meine Gattin mit erstaunten, aber etwas zweifelnden Augen, weil ich so lange weg war. Nur im Baumarkt und nichts gekauft?

Ich beachte ihre Skepsis nicht. Ich freue mich, einen schönen Vormittag verbracht und nicht konsumiert zu haben. Eine neue Heimwerkeridee ist zwar nicht geboren, aber wann spart man schon mal 6.000 Euro?

Und was sagt uns das?

Wenn die Langeweile zu groß wird, tut jede Form der Ablenkung gut.

66

Wie Man(n) die Küche erobern kann

Bisher habe ich mich mit dem Thema »Kochen« noch nicht beschäftigt. Entweder hat meine Gattin gekocht, oder wir sind essen gegangen.

Nicht dass ich mit den Leistungen meiner Gattin in der Küche unzufrieden gewesen wäre, aber jetzt habe ich ja Zeit genug, mich selbst an den Herd zu stellen. Außerdem halte ich mich inzwischen für einen Semi-Profi, weil ich kaum eine Kochsendung im Fernsehen ausgelassen habe. Irgendwie haben mich *Die Küchenschlacht*, *The Taste* oder *Die Restauranttester* in den Bann gezogen. Was da die Kandidaten und die Propagandisten wie Lafer, Lichter, Mälzer, ... auf den Tisch zaubern, sieht doch ganz anders aus als das, was ich täglich auf den Tisch bekomme.

Ich teile meiner Gattin meine Absicht mit, kann mich aber des Eindrucks nicht erwehren, dass bei ihrer Bemerkung »Das wäre ja toll« ein leicht zynischer Zug in den Mundwinkeln zu erkennen ist. Egal. Keine Verunsicherung. Ein Mann. Ein Projekt.

Was braucht man zum Kochen? Ein Rezept, die Zutaten und das nötige Handwerkszeug.

Ich zäume das Pferd von hinten auf. Benötigt werden in jedem Fall verschiedene Töpfe und Pfannen. Ich mache in der Küche eine Bestandsaufnahme. Die Töpfe und Pfannen sehen irgendwie ganz anders aus als bei Mälzer. »Ich fahr mal in die Stadt zum Einkaufen« wird nur mit einem leichten Grummeln kommentiert. Sie ist in ihre Sudokus vertieft.

In der Haushaltsabteilung eines großen Kaufhauses lasse ich mich beraten. »Wir haben hier gerade ein tolles Sonderangebot. Ein Topfset der führenden Marke aus Edelstahl. Der Verkaufspreis lag noch letzte Woche bei 1.400 Euro. Jetzt können Sie das Set für 399 Euro haben.« Klingt für mich überzeugend. »Und was ist mit Pfannen?« Die Verkäuferin blüht auf. Auf ihre Frage, was ich denn so alles mit den Pfannen braten wolle, fällt mir nur ein einfältiges »Na ja, alles« ein.

Ich begebe mich zur Kasse. Mit einem Topfset, drei keramikbeschichteten Pfannen in unterschiedlichen Größen, einer gusseisernen und einer geschmiedeten Pfanne.

Ich zahle in bar. Meine Gattin muss ja nicht gleich über die 750 Euro in Kenntnis gesetzt werden.

Zu Hause angekommen, lasse ich den Einwurf meiner Gattin »Aber wir haben doch ...« nicht gelten.

»Wenn ich schon koche, dann richtig!«

Ich denke über ein Rezept nach. Mir kommt Clemens Wilmenrod in den Sinn. Er war der erste deutsche Fernsehkoch. Er ist der Erfinder des »Toast Hawaii«. Wäre zum Start ja nicht zu schwierig, aber vielleicht ein bisschen simpel. Ich will ja auch meine Gattin von meinen Fähigkeiten überzeugen. Weil ich keine Lust habe, in unseren zahlreichen Kochbüchern zu suchen, begebe ich mich ins Internet. Google schlägt mir Tausende von Seiten vor. Ich entscheide mich für »kochbar.de«. Das Angebot ist riesig.

Ich habe Lust auf Lammkoteletts mit Karotten und Ingwer. Ich wähle ein Rezept, das unter der Rubrik »mittelschwer« aufgelistet ist.[*]

Ich lese mir als Erstes die Zutatenliste durch.

- 450 Gramm Lammcarré
- 3 Stück Knoblauchzehen
- 1 Stück Ingwer
- 1 Stück Kartoffel
- 3 Stück Karotte
- 50 Milliliter Sahne
- 150 Milliliter Gemüsefond
- 1 Spritzer Weißer Balsamico
- 3 EL Öl
- 1 EL Balsamico-Reduktion
- 1 EL Ketjap Manis
- 1 EL Sojasoße
- 1 TL Sesamöl geröstet
- 50 Gramm Butter eiskalt
- Minze frisch
- Koriander frisch

In meiner Naivität dachte ich, dass ich nur Lamm, Möhren, Salz, Pfeffer und Ingwer bräuchte. Die Vielfalt der benötigten Zutaten überfordert mich. Was ist bitte eine Balsamico-Reduktion? Was ist Ketjap Manis? Sesamöl, okay – aber geröstet? Nein, da habe ich keine Lust drauf. So was kann man ja immer noch machen. Was tun?

---

[*] *www.kochbar.de/rezept/471282/Lammkoteletts-mit-Karotten-und-Ingwer-Christine-Kaufmann.html*

Ich erinnere mich an den letzten Stammtisch. Mein Freund Schulle schwärmte von einem ganz einfachen Rezept. »Nudeln mit Thunfischsoße. Du nimmst einfach 'ne Dose Thunfisch im eigenen Saft, nicht mit Öl. Den Thunfisch vermengst du mit einer Gabel, tust einen Becher Schmand und 'ne Dose Mais mit rein, würzst das Ganze mit Pfeffer und Sojasoße, stellst das Ganze in die Mikrowelle bei 800 Grad für zwei Minuten, und dann brauchst du nur noch die Nudeln zu kochen.«

Nach dem Einkauf mache ich mich an mein erstes »Kochwerk«. Klappt alles fabelhaft. Ich rufe meine Gattin an den gedeckten Tisch. Sie äußert keine Kritik. Mir schmeckt's. Voller Stolz kann ich nicht umhin, besonders die Qualität der Nudeln zu loben. Das kann nur an dem neuen Edelstahltopf liegen. Der Rest der neu erworbenen Utensilien wird schon bald seiner Bestimmung gerecht werden.

Und was sagt uns das?

Mit dem Alter wird gutes und gesundes Essen immer wichtiger. Deshalb ist es gut, sich mit der Zubereitung auseinanderzusetzen. Also: Ran an die Töpfe!

67

Wie Pfeife rauchen bei der Erkenntnis hilft, dass Probieren über Studieren geht

Natürlich weiß ich, dass Rauchen der Gesundheit schadet. Die Warnungen auf den Zigarettenschachteln sind ja deutlich genug. Die Tatsache, dass einen Lungenkrebs und Impotenz gleichzeitig erwischen können, ist schon Angst einflößend. Was waren das nur für Zeiten, als ich zwei Schachteln am Tag rauchte. Heute kaum vorstellbar, konnte ich dieser Sucht sogar im Zug, im Flugzeug und in Restaurants nachgehen. Im Büro glaubte ich naiverweise, dem Berufsstress entkommen zu können, indem ich manchmal die nächste Zigarette an der vorigen anzündete. Am Abend, im heimischen Wohnzimmer habe ich dann dem Pfeiferauchen gefrönt. Eines Morgens hatte es mich dann gepackt. Der Geschmack im Mund war widerlich, und meine Gattin wies mich darauf hin, wie meine Klamotten stinken würden. Ich beschloss von einer Sekunde zur anderen, mit dem Rauchen aufzuhören. Seitdem habe ich das Rauchkraut gemieden, konnte sogar während abendlicher Umtrünke den Angeboten immer noch rauchender Freunde widerstehen. Das zeugt nicht etwa von Charakterstärke, sondern ich wusste genau, wenn ich auch nur einen Zug nähme, würde ich wieder anfangen.

Eines Tages im Ruhestand, ich gehe mal wieder meiner liebsten Tätigkeit, dem Aufräumen, nach, entdecke ich in einer Schublade meine Pfeifensammlung.

Da liegen sie, die Objekte meiner früheren Begierde. Erinnerungen kommen auf.

Während meine Gattin sich in irgendwelchen Modegeschäften verlustierte, suchte ich so manches Mal meinen Tabakladen auf. Die einzigartige Ästhetik der Knösel zog mich an. Welche Vielfalt an Größe, Material und Form! Die Pfeifenmacher waren für mich begnadete Kunsthandwerker. Manchmal konnte ich mich an den Maserungen einzelner Pfeifenköpfe nicht sattsehen. Und dann das Angebot an verschiedenen Tabaksorten. So manches Mal konnte mich der Verkäufer zum Konsum verführen, denn er beließ es nicht beim Anpreisen seiner Waren, sondern öffnete die Dosen, um mich schnuppern zu lassen. Was für herrliche Aromen.

Die Schublade näher studierend, bin ich erstaunt darüber, was sich alles angesammelt hat. Neben den kurzen, den langen, den geraden und den krummen Pfeifen mit Holzkopf befindet sich nicht nur eine aus Meerschaum, sondern auch etliches Zubehör. Ich entdecke neben mehreren Pfeifenstopfern Auskratzer, farbige Pfeifenreiniger aus mit flauschigem Kunststoff umhülltem Draht und Filter. Eine Dose mit Tabak ist auch noch vorhanden. Ich öffne die Dose und muss feststellen, dass mein Rauchkraut nicht nur völlig vertrocknet ist, sondern auch mit den Aromen meiner Erinnerung nichts mehr gemein hat. Die kann ich entsorgen. Den Rest eigentlich auch. Ich rauche ja nicht mehr.

Ich bin schon im Begriff, den Mülleimer zu holen, als sich ein verführerischer Gedanke in meinem ruheständlerischen Gehirn einnistet. Jetzt, wo ich den Berufsstress nicht mehr habe, könnte ich doch ganz in Muße abends beim Glas Rotwein ein Pfeifchen rauchen. Diese gelassene Art, vertrocknete Blätter zu verbrennen, kann mich nie und nimmer verführen, wieder zu einem Glimmstängel zu greifen.

Ich mache mich auf den Weg zu meinem Tabakladen. Hinter dem Tresen steht augenscheinlich der Inhaber und Verkäufer in einer Person. Er kann mich nicht kennen, denn den Gesichtszügen nach zu urteilen, ist er der Sohn des Vorgängers. Mit seiner Hilfe werde ich fündig. Der Preis für die 50-Gramm-Dose lässt mich dann doch etwas erschrecken, aber wenn ich bedenke, was heutzutage Zigaretten kosten …

Am Abend sitzen wir gemütlich bei einem Glas Rotwein zusammen. Meine Gattin ahnt noch nicht, dass ich vorhabe, einen Trip in die Vergangenheit zu unternehmen. Gespannt bin ich schon auf ihre Reaktion. Vielleicht mache ich mir auch nur zu viel Gedanken. Deswegen entschließe ich mich dazu, einfach meine Rauchutensilien vor mir auf dem Tisch auszubreiten. In aller Ruhe will ich beginnen, meine Pfeife zu stopfen. Ich komme aber gerade dazu, den Deckel der Tabaksdose aufzuschrauben. Ich habe mir nicht zu viele Gedanken gemacht, sondern zu wenige. »Was ist denn in dich gefahren?« zetert sie los.

»Ich wollte doch nur …«

»Du bist ein Schwächling, kannst deine Sucht einfach nicht in den Griff kriegen, aber setze mich bitte nicht dieser Belästigung aus. Das ist für mich auch gesundheitsschädigend. Nun begreif das doch mal!«

Wenn ich denn unbedingt so unvernünftig sein müsse, solle ich meiner Sucht auf der Terrasse nachgehen. Da muss ich ihr wohl beweisen, dass ich ein Mann bin. Statt kleinlaut meine Utensilien einzusammeln und in die Mülltonne zu befördern, begebe ich mich auf die Terrasse. Ich nehme im gemütlichen Gartenstuhl Platz, schaue in die Natur und stopfe mein erstes Pfeifchen seit Jahrzehnten. Ich erinnere mich, dass der Tabak unten locker eingefüllt werden sollte, um nach oben hin immer fester gestopft zu werden. Natürlich benutze ich Streichhölzer, weil ein Benzinfeuerzeug die Aromen überdecken würde. Das alte Geschick ist nicht mehr vorhanden. Ist wohl nicht wie Fahrradfahren: Einmal gelernt, kann man es sein Leben lang. Ich benötige fünf Zündhölzer, bis ich durch ständiges Ziehen die nötige Glut entfachen kann. Die ersten Züge entfachen bei mir noch kein Vergnügen, aber dafür geht die Pfeife aus. Die nächsten Streichhölzer müssen dran glauben. Zwar gelingt mir das erneute Anzünden, und ich kann Rauchwolken in den Abendhimmel steigen lassen und manchmal sogar mit gespitzten Lippen einen Kringel erzeugen, aber der Pfeifenkopf wird so heiß, dass ich ihn kaum noch halten kann. Das Rauchkraut ist erst zur Hälfte vernichtet, als die Pfeife wieder ausgeht. Mit Befriedigung einer Lust hat das nichts zu tun. Ich entschließe mich, den mit so viel Vorfreude erwarteten Versuch für heute abzubrechen und wieder die Gesellschaft meiner Gattin zu suchen. Ich bin beruhigt, dass ein Austausch über mein Experiment nicht stattfindet. Ich wäre ja auch nicht ganz bei Sinnen, von dem leichten Kratzen in meinem Hals zu berichten.

Und was sagt uns das?

Studieren im Ruhestand ist ein Kann, aber Probieren ein Muss.

68

Wie man sich der Gemeinschaft nicht verschließt

Meine Tageszeitung trägt mal wieder zu meiner Unterhaltung bei. Einer Sammlung philosophisch angehauchter Sprüche gilt mein Augenmerk.

So soll der im TV ständig präsente Mediziner Eckart von Hirschhausen einen Spruch von sich gegeben haben, der ja nicht schlecht auf mein jetziges Alter zugeschnitten ist:

»Leben Sie jeden Tag, als wäre es Ihr letzter. Eines Tages werden Sie damit recht behalten.«

Nachvollziehbar ist für mich auch der Satz von Khalil Gibran:
»Niemand erreicht den Morgen, ohne durch die Nacht zu gehen.«

Um nicht der Schwermut anheimzufallen und den morgendlichen Blick in den Spiegel besser ertragen zu können, merke ich mir lieber den T-Shirt-Spruch:

»Das sind keine Augenringe, das sind die Schatten großer Taten.«

Ich blättere weiter. Die nächsten beiden Seiten sind ganz dem Thema »Ohne diese Menschen würden wir anders leben, ganz anders« gewidmet. Ich bin versucht, den Artikel zu überfliegen. Diese »Gutmenschen« sollen sich doch engagieren, wo sie wollen, aber was hat das mit mir zu tun?

Irgendwie lese ich mich aber fest.

Da ist von Leuten die Rede, die am Wochenende Dienst in der Bahnhofsmission machen, oder anderen, die in einem Hospiz tätig sind. Auch die Zahl derjenigen, die in der freiwilligen Feuerwehr tätig sind, wird erwähnt. Menschen stellen sich zur Verfügung, Flüchtlingen unentgeltlich Deutschunterricht zu geben.

Ich komme ins Grübeln, denn es werden nicht nur die vielfältigen Tätigkeiten geschildert, sondern auch die Motive der gemeinnützig Tätigen. Es wird deutlich, dass sie nicht nur Zeit und Kraft opfern, sondern auch wie viel Befriedigung ihnen die sich selbst auferlegten Aufgaben bringen. Die Ruheständler unter ihnen äußern außerdem, wie wohl es ihnen täte, den Tag nicht zu vergammeln, sondern eine selbstbestimmte Aufgabe zu haben.

Ich bin angefressen. Irgendwie wäre das doch auch etwas für mich. Nach reichlicher Überlegung schildere ich am Abend meiner Gattin meine Absicht, mich gemeinnützig einbringen zu wollen. Sie ist einfach nur begeistert.

Ich schlafe mit dem wohltuenden Gedanken ein, am nächsten Tag eine Entscheidung zu fällen. Einen Beitritt zur Jugendfeuerwehr schließe ich aus.

Ich schlafe gut.

Und was sagt uns das?

Alleine geht es auch, aber zusammen ist viel besser.

69

**Wie man auf den Trichter kommt,
nicht auf Mallorca zu überwintern**

Reiseangebote sind eins der Dinge, auf die man sich vor dem Ruhestand gefreut hat. Endlich einmal außerhalb der Saison verreisen, im Internet die Reiseschnäppchen durchforsten, also Groupon, Travelzoo, Urlaubspiraten … Oh, was gibt es nicht alles für schöne Reisen: elf Tage nach Sansibar für 968 Euro. Wo liegt das überhaupt? Ich hatte bisher noch nicht das Bedürfnis, dort hinzufahren, aber jetzt, wo der Preis stimmt. Ach, und ja, der Werbetext spricht von Abenteurern, denn die Reise ist nichts für Pauschaltouristen, denn hier erwartet einen kein großer Luxus, der Rucksack ist der einzige Luxus.

Also, wo liegt Sansibar?

Liegt im Indischen Ozean, vor der Küste von Afrika, genauer Tansania.

Der Lebensstandard auf der Insel ist gering und die Kindersterblichkeit hoch, dafür ist die Lebenserwartung wiederum nicht hoch, liegt bei 54 Jahren. Ich wäre schon längst tot nach dieser Statistik. 100 Prozent der Bevölkerung sind Moslems. Aber für den Touristen sind die feinsandigen endlosen Strände Anziehungspunkt, ebenso die faszinierenden Korallenriffe, in denen Wale, Delfine und Meeresschildkröten schwimmen. Auf wunderschönen Wegen kann man durch den tropischen Regenwald wandern bis hin zu den vulkanischen Bergen.

Na, das ist dann wohl doch nichts. Kann mich nicht wie eine Made im Speck verhalten und den Zustand der Gesellschaft ignorieren. Außerdem, wie lange fliegt man denn dahin? Zwölf Stunden ohne Zwischenlandung? Da krieg ich doch dicke Beine, wenn es schlimm kommt, einen Herzkasper. Haben die da überhaupt Ärzte?

Tropisches Klima. Ich war mal im Hamburger Troparium, wo die tropische Klimazone künstlich hergestellt wird. War kaum auszuhalten. Ging gar nicht, kriegte kaum Luft. Und das Essen in so einem Land? Soll es ja geben, dass man davon Durchfall kriegt und mit Fieber im Hotelzimmer liegen muss. Und dann wird man da vergessen. Schrecklich. Auf meinem Grabstein würde dann allerdings stehen: gestorben auf Sansibar. Das hätte was. Und wie ist das mit der Zeitumstellung, kriegt man da einen Jetlag? Einen Zeitzonenkater? Nein, das lassen wir mal schön.

Was gibt es denn noch? Etwas in Europa vielleicht? Wie wäre es denn mal mit einer Kreuzfahrt über die Ostsee: Kiel, Sankt Petersburg, Helsinki, Stockholm und so weiter? Nein, auch nicht, immer noch sehr teuer, und man ist fast nur mit alten Leuten zusammen eingeschlossen. Nur in den Häfen darf man mal für ein paar Stunden das Schiff verlassen. Flusskreuzfahrten sind wohl eher langweilig. Städtereisen? In Barcelona und Rom wird geklaut. Und wie ist es denn mit Überwintern auf Mallorca? Kostet so gut wie nichts. Das Klima ist mild. Das wäre es doch!

Aber, ich kenn mich doch. Spätestens nach 14 Tagen frag ich mich: »Was soll ich hier? Kenn hier keinen. Die Sprache werde ich nie lernen. Irgendwann kennt man alle Strände, und die Sonne scheint auch nicht immer, und wenn sie dann doch dauernd scheint, geht sie einem auch auf den Senkel. Also, was soll ich dort?«

Und was sagt uns das?

Sichtweisen können sich im Ruhestand verändern.

70

Wie man den Ruhestand auf dem Mars überleben könnte

»200.000 Bewerber, die auf den Mars fliegen wollen.« Bei dieser Überschrift in meiner Tageszeitung bleibe ich hängen. Bei der Lektüre des Artikels stellt sich heraus, dass sich wirklich weltweit so viele Männer und Frauen aller Altersklassen beworben haben, um auf den Mars auszuwandern. Die nackten Fakten scheinen diese Menschen nicht zu stören. Dass die Hinreise nur gut 200 Tage dauern soll, könnte man ja noch in Kauf nehmen, aber die Umstände vor Ort lassen mich schaudern. Temperaturen jenseits der 100 Grad minus sind alltäglich. Wegen der schweren Stürme müssen die Wohncontainer mit Marsgestein bedeckt werden. Diese Umstände klingen lachhaft neben der Tatsache, dass die Reise eine Einbahnstraße ist. Eine Rückkehr ist nicht zu erwarten.

Voller Unverständnis darüber, dass sich für so ein Vorhaben Freiwillige finden, schüttle ich nicht nur innerlich den Kopf.

Die Kosten scheinen ja mit veranschlagten acht Milliarden überschaubar zu sein, denn dafür bekämen wir in Deutschland mal gerade einen Flughafen, einen Bahnhof und ein Opernhaus.

Wenn ich mal die Sinnfülle des Unternehmens beiseite lasse, beschäftigt mich die Frage, was die Menschen motiviert, solch einen

Schritt zu wagen. Da sind Leute dabei, die das 30. Lebensjahr noch nicht überschritten haben. Das wäre doch wirklich eher was für mich, den Ruheständler. Meine letzten Tage, Jahre wären mit Überlebenskampf gefüllt. Um die Höhe der Rente bräuchte ich mir keine Sorgen zu machen. Keine Gedanken mehr über eine künstliche Hüfte oder die Sonderangebote von Aldi oder Lidl. Keinen Gedanken mehr darauf verwenden, wie man den Ruhestand überlebt.

Reine Gedankenspiele, denn nie hätte ich den Mut, wenn man es denn so nennen will, diese Reise anzutreten. Außerdem würde ich schon in der Vorauswahl scheitern, denn fortpflanzen sollen sich die »Marsianer« auch noch.

Zudem gehe ich davon aus, dass mich meine Gattin zwar gerne manchmal auf den Mond schießen möchte, aber nicht zum Mars.

Und was sagt uns das?

Die Beschimpfung »Ich könnte dich auf den Mond schießen« zieht nicht mehr.

KAPITEL NEUN

AUSSAGEN UND GESAMMELTE RATSCHLÄGE ZUM RUHESTAND

71

Wie sich Berühmtheiten und andere zum Ruhestand äußern

Viele berühmte Leute und auch völlig Unbekannte haben sich zum Ruhestand, zum Älterwerden, geäußert. Hier kann sich jeder einen Spruch aussuchen, von dem er sagen kann, dass er zu ihm passt. Den kann er sich dann auf ein Holzbrett brennen lassen und ihn über dem Kühlschrank in der Küche aufhängen.

»Ich habe viel Geld für Alkohol, Frauen und schnelle Autos ausgegeben, den Rest habe ich einfach verprasst.«
George Best

»Einen Tag möchte ich so gut gewesen sein, wie mir bei der Verabschiedung in den Ruhestand nachgesagt wurde.« *Hermann Lahm*

»Im Ruhestand kann man endlich tun was man will. Man muss es nur wollen.« *Berthold Brunnputz*

»Gibt es ein Leben vor dem Ruhestand?« *Autor unbekannt*

»Did you think I'd lay down and die? Oh no not, I will survive.« *Gloria Gaynor*

»Wenn man im Ruhestand ist, verliert das Wochenende seinen Reiz.« *Regina von Horn*

»Midlife Crisis: die Pubertät des Ruhestandes.«
Unbekannter Verfasser

»What a drag it is getting old. (Alt werden ist eine beschissene Sache.)« *The Rolling Stones*

»Vor nichts muss sich das Alter mehr hüten, als sich der Lässigkeit und der Untätigkeit hinzugeben.« *Cicero*

»Der Ruhestand hat so viel mit Ruhe zu tun wie der Verstand mit Stehen.« *Heinz Erhardt*

»Schön, so schön, schön war die Zeit.« *Freddy Quinn*

»The Times They Are A-Changin'. (Die Zeiten ändern sich.)« *Bob Dylan*

»Du bist nie zu alt, um dir ein neues Ziel zu setzen oder einen neuen Traum zu träumen.« *C. S. Lewis*

»When I get older, losing my hair … when I'm sixty-four.« *The Beatles*

»Ich trainiere meine Muskeln, weil ich den 70-jährigen sexy Mädels am Strand den Kopf verdrehen will.« *Charles Eugster (93)*

Und was sagt uns das? Auch andere Leute werden älter und machen sich so ihre Gedanken, damit klarzukommen.

Wie ein Gedicht alles auf den Punkt bringen kann

Hellmuth Karasek, der Autor meiner Lieblingsglosse meiner Tageszeitung, ist im vergangenen Jahr im Alter von 81 Jahren verstorben. Das Mitglied des Literarischen Quartetts, der sich so vortrefflich und publikumswirksam mit Marcel Reich-Ranicki streiten und jede Talkshow-Runde mit seinem unendlichen Fundus an geistreichen Witzen unterhalten konnte, trat des Öfteren gemeinsam mit Eckhart von Hirschhausen auf. Der erinnert sich, dass Karasek immer mit einem seiner Lieblingsgedichte von Wilhelm Busch abschloss. Ein Gedicht, mit dem Busch das Thema unseres Buches auf den Punkt bringt.

Es sitzt ein Vogel auf dem Leim,
Er flattert sehr und kann nicht heim.
Ein schwarzer Kater schleicht herzu,
Die Krallen scharf, die Augen gluh.
Am Baum hinauf und immer höher
Kommt er dem armen Vogel näher.
Der Vogel denkt: Weil das so ist
Und weil mich doch der Kater frisst,
So will ich keine Zeit verlieren,
Will noch ein wenig quinquilieren
Und lustig pfeifen wie zuvor.
Der Vogel, scheint mir, hat Humor.

Und was sagt uns das?

Es lohnt sich, in der Literatur zu stöbern. Der Ruheständler kann sich wiederfinden.

Wie sich der Ruhestand reimt

Der Rentner und der Pensionär,
Die haben es wohl wahrlich schwer.
Geschuftet haben sie ein Leben lang,
Nun wird ihnen um die Rente bang.

Die Jugend zieht nicht voller Achtung ihre Mütze,
Sondern neidet den Alten ihre Stütze.
Diese wollen die Jungen nicht umgarnen,
Sondern ganz unverhohlen mahnen:

Ene meene miste,
Bald sind wir in der Kiste.
Ene meene muh,
Dazu gehörst bald auch du!

Solidarität ist angesagt,
Wenn die nächste Generation nach ihrer Rente fragt.
Den Jungen gönnen wir das Erreichen ihrer Ziele,
Aber die von uns zu wenig haben, sind sehr, sehr viele.

Und was sagt uns das?
    Wenn ein Ruheständler nicht ganz dicht ist, sollte er reimen, dann wird er Dichter.

74
Wie man den Ruhestand mit weisen, humorvollen Sprüchen überleben kann

Bob Hope, der amerikanische Schauspieler, der immerhin 100 Jahre alt wurde, drückte einen Aspekt des Ruhestandes humorvoll und weise aus:

» *Du wirst alt, wenn die Kerzen mehr kosten als der Geburtstagskuchen.* «

Die deutsche Schriftstellerin Fanny Lewald wusste schon am Ende des 19. Jahrhunderts, was bedacht werden sollte:

» *Nicht die Jugend bedarf bei ihrem Schaffen der Ermunterung, sondern das Alter.* «

Auch Witze treffen manchmal den richtigen Punkt:

» *Was macht Ihr Mann, jetzt, wo er Rentner ist?* «, *fragt eine Frau ihre Nachbarin.*
» *Er züchtet Kaninchen.* «
» *Hat er denn Ahnung vom Kaninchenzüchten?* «
» *Nein, er nicht, aber die Kaninchen!* «

Ein Graffito gibt einen guten Hinweis, wie sich ein Ruheständler cool äußern könnte, wenn sich ein Jungspund über die Ernährungsgewohnheiten der Alten lustig macht:

» *Lieber Quark essen als reden!* «

Und schön weise und hilfreich in manchen Momenten bringt es ein Mann auf den Punkt, der den Ruhestand nicht erreichte, nämlich Friedrich Schiller:

»Was man nicht aufgibt, hat man nie verloren.«

Und was sagt uns das?
Manchmal ist es nur ein einziger Satz, der uns hilft, die Dinge anders zu betrachten.

75

Unsere gesammelten Ratschläge I

- Beschäftigung um jeden Preis füllt zwar den Tag, führt aber nicht zur Glückseligkeit.
- Aufräumen dauert meist länger als geplant, befreit aber.
- Der Ruheständler sollte vieles ausprobieren, aber nicht zu schnell aufgeben.
- Wer den Tag vergammelt, muss mit den Konsequenzen leben.
- Auch wer scheitert, sollte nie seine Visionen verlieren.
- Manchmal muss man verreisen, um in Bewegung zu kommen.
- Auch im Alter kann man neue Technologie weise nutzen.
- Ruheständler mit Bluthochdruck sollten Fernsehsendungen meiden, bei denen sie sich aufregen könnten.
- Singen befreit, auch wenn es nicht in der Kirche passiert.
- Ein Ruheständler sollte sich nicht scheuen, seine Lebensgeschichte aufzuschreiben.
- Nostalgiereisen lassen Erinnerungen aufleben, müssen aber nicht immer die Erwartungen erfüllen.
- Das Sortieren von Erinnerungsstücken eröffnet die Möglichkeit, sich mit seiner Vergangenheit auseinanderzusetzen.

- Nicht alle Pläne sollten kopfbestimmt entschieden werden. Manchmal einfach machen!
- Ratsam kann es sein, auch mal innezuhalten, um die eigene Situation zu überdenken.
- Es ist sinnvoll, sich regelmäßig untersuchen zu lassen, auch wenn die Umstände den Blutdruck in die Höhe treiben.
- Manchmal macht es Sinn, sich zu verlieren.
- Zahlen sind Schall und Rauch. Jeder einzelne Ruheständler weiß genau, wo er sich einzuordnen hat
- Stammtische können, wie die Vorsilbe schon sagt, Halt geben.
- Eigene Wünsche selbstbestimmt verwirklichen.
- Nicht an der falschen Stelle Geld sparen wollen.
- Aus unangenehmen Ereignissen sollten keine falschen Rückschlüsse gezogen werden.
- Einfach mal mutig unbequeme Dinge angehen. Es kann beruhigen.
- Die Fähigkeit, im Ruhestand zu überleben, zeigt sich manchmal im Banalen.
- Wie man sich aus dem Leben verabschieden kann.
- Viele Angebote helfen beim lebenslangen Lernen. Also: wachsam sein.
- Einen Einkaufszettel mitzunehmen, ist noch lange kein Zeichen von Demenz. Um das Hirn zu stärken, vielleicht mal wieder mit der Frau »Ich packe meinen Koffer« spielen.
- Manchmal ist es ein Kreuz mit dem Worträtsel. Die »Alters-Neurologen« raten zu diesem Gehirnjogging. Vielleicht landet man ja bei *Wer wird Millionär?* auf dem Stuhl.
- Beim Lesen der Zeitung kann keine Langeweile aufkommen.
- Damit bleibt »Bore-out« ein Fremdwort.
- Es hat keinen Sinn, uns Ruheständlern die Zähne zu zeigen. Wir sind keine Dentisten. (frei nach Erich Kästner)
- Auch im »Alter« kann man mit seinem Wissen andere noch beeindrucken. Auch wenn es nur die eigene Frau ist, hebt es das Selbstbewusstsein.

- Sich mit offenen Augen und Ohren unter Menschen zu begeben, ist immer eine Bereicherung.
- Der verheiratete Ruheständler braucht einen zweiten Fernseher. Der erste wird häufig durch *Bachelor*, *Germany's Next Topmodel*, *Let's dance* und *Tatort* von der Frau blockiert.

76

Unsere gesammelten Ratschläge II

- Musik bereichert den Tag, auch wenn man sie nicht selbst macht.
- Du kannst so viel planen, wie du willst. Es kommt immer anders.
- Auch ungeliebte Tätigkeiten können befriedigen.
- Auch wenn man nichts »Sinnvolles« getan hat, darf man einen sinnvollen Tag genießen.
- Neue Ideen zu entwickeln hält jung. Sie müssen nicht immer zum Ziel führen.
- Nicht aufhören, etwas Neues zu probieren. Nur die Angst vor dem Scheitern ist ein Versagen.
- Verschiedene Freizeitaktivitäten testen, bis etwas Passendes gefunden wird.
- Wenn alle dir dasselbe raten, bist du nicht unbedingt immer gut beraten.
- Um Abenteuer und Abwechslung in den Alltag zu bringen, muss man nicht unbedingt auf Safari gehen.
- Der Ruheständler sollte mit der Zeit gehen. Dann wird er auch wieder die Aufmerksamkeit der Jugend erlangen.
- Wer nicht hören kann, muss sich auf das Lesen beschränken, vereinsamen oder sich ein Hörgerät zulegen.
- Auch in Zeiten der grenzenlosen Freizeit den Urlaub nicht vergessen.
- Tanzen! Eine wunderbare Möglichkeit, Sinnlichkeit wieder neu zu entdecken.

- Ob Mut belohnt wird, erweist sich meist erst später. Aber der Tag, an dem eine Entscheidung getroffen wird, ist immer ein glücklicher Tag.
- Wer immer nur unentschieden ist, der wird irgendwann vom Schicksal zu einer Entscheidung gezwungen.
- Selbstgerechtigkeit führt nie zu richtigen Entscheidungen.
- Selbstfindung ist ein zentraler Bestandteil des Ruhestands. Kleidung spielt auch eine Rolle.
- Auch Sinnsuche mit Freunden gestaltet den Ruhestand.
- Träume, die mit anderen verwirklicht werden sollen, müssen gemeinsam geplant werden.
- Der Ruheständler kann sich um alles Mögliche Sorgen machen. Wer sich ernsthafte Gedanken um seine Frisur macht, hat den Blick fürs Wesentliche verloren.
- Wer lernt, die Annehmlichkeiten des Ruhestandes anzunehmen, spart sich überflüssiges Ärgern.
- Freue dich über jeden Morgen, den du noch erleben kannst.
- Es ist ein gutes Gefühl, als Ruheständler helfen und trösten zu können.
- Vertreterbesuche sind lästig, aber sie können Abwechslung in den Vormittag bringen.
- Die Apotheke und der Alkohol können keine Probleme lösen, aber Wasser und Orangensaft auch nicht.
- Wenn die Langeweile zu groß wird, tut jede Form der Ablenkung gut.
- Mit dem Alter wird gutes und gesundes Essen immer wichtiger. Deshalb ist es gut, sich mit der Zubereitung auseinanderzusetzen. Also: Ran an die Töpfe!
- Studieren im Ruhestand ist ein Kann, aber Probieren ein Muss.
- Alleine geht es auch, aber zusammen ist viel besser.
- Auch andere Leute werden älter und machen sich so ihre Gedanken, damit klarzukommen.
- Es lohnt sich, in der Literatur zu stöbern. Der Ruheständler kann sich wiederfinden.

DANKE

Lieber Leser, unser erster Dank gilt Ihnen, denn ohne Ihr Interesse würde unser mit Herzblut geschriebenes Werk schnell zum Ladenhüter werden. Schließlich hoffen wir auf das Gegenteil. Wenn nur jeder zehnte der über 20 Millionen Ruheständler *Überleben im Ruhestand* erwerben würde, wären wir zufrieden.

Unser weiterer Dank gilt unserem Literaturagenten Martin Brinkmann, der immer wieder neue Ideen für ein Buch hat, das die Welt noch nicht gelesen hat, aber dringend braucht.

Ebenfalls Dank an die Lektorinnen und Lektoren des Verlages, die uns mit ihrer Akribie und unglaublichen Geduld unterstützt haben. Dank auch an alle Freunde, die uns zu so mancher Geschichte angeregt haben.

Und schließlich Dank an Regina von Horn, die unsere Texte als Erste gelesen hat. Mit ihren sprachlichen, orthografischen und grammatikalischen Fähigkeiten war sie eine ganz große Hilfe.

Dietrich von Horn
Hein-Dirk Stünitz

SCHWARZKOPF & SCHWARZKOPF

111 GRÜNDE, LEHRER ZU SEIN

DAS GESCHENKBUCH FÜR ALLE LEHRER UND ALLE,
DIE ES MAL WAREN ODER WERDEN WOLLEN

111 GRÜNDE, LEHRER ZU SEIN
EINE HOMMAGE AN DEN SCHÖNSTEN BERUF DER WELT
Von Dietrich von Horn
224 Seiten, Taschenbuch
ISBN 978-3-86265-310-2 | Preis 9,95 €

»In diesem Buch werden sie auf eine liebenswert humorvolle und bisweilen hintersinnig-süffisante Weise geschildert, die schönen und weniger angenehmen Facetten dieses Berufes, die aus Sicht des Autors dafür sprechen, Lehrer zu sein oder zu werden. Die Botschaft des Autors, der über eine 40-jährige Berufserfahrung als Hauptschullehrer verfügt, ist eindeutig: Man muss von der Liebe zu diesem Beruf durchdrungen sein, denn er ist einzigartig und für ihn einer der wichtigsten und zugleich schönsten auf der Welt. Dieses Buch ist eine ganz persönliche Liebeserklärung an einen oft zu Unrecht gescholtenen Beruf, der viel mehr ist als nur ein Job. Gleichermaßen empfehlenswert für engagierte, zweifelnde oder desillusionierte Lehrkräfte, aber auch für junge Menschen, die vorhaben, diesen Beruf zu ergreifen.«
Magazin Bildung+

WWW.SCHWARZKOPF-SCHWARZKOPF.DE

SCHWARZKOPF & SCHWARZKOPF

111 GRÜNDE, GOLF ZU LIEBEN

EIN BUCH ÜBER GEDULD, HOSENBEINLÄNGEN UND EINEN »BIRDIE-FLACHMANN« ALS GLÜCKSBRINGER – EINE LIEBESERKLÄRUNG AN EINEN UNSCHLAGBAREN SPORT

111 GRÜNDE, GOLF ZU LIEBEN
EINE LIEBESERKLÄRUNG AN DEN
SCHÖNSTEN SPORT DER WELT
Von Hein-Dirk Stünitz
272 Seiten, Taschenbuch
ISBN 978-3-86265-359-1 | Preis 9,95 €

»Ein Buch über die gefundene Liebe zum Golf, die manchmal jedoch auch Verzweiflung mit sich bringt. 111 GRÜNDE, GOLF ZU LIEBEN zeichnet ein ebenso unterhaltsames wie psychologisch einfühlsames Porträt des ambitionierten Hobbygolfers, dem es wie jedem Liebenden geht: Er erlebt Glücksmomente, tiefe Verbundenheit und manchmal pure Verzweiflung.«
Abendzeitung München Online

Wer schon spielt, erkennt sich in den Texten wieder. Wer noch nicht spielt, kennt zumindest Tiger Woods. 111 GRÜNDE, GOLF ZU LIEBEN ist ein leidenschaftliches und augenzwinkerndes Plädoyer für den Golfsport – und die Welt rund um Caddys, Klubterrassen und gepflegte Grünflächen. Jeder sollte einmal den Driver zur Probe schwingen oder bei einem Weizen auf der Vereinsveranda auf das Beinahe-Hole-in-one anstoßen!

WWW.SCHWARZKOPF-SCHWARZKOPF.DE

DIETRICH VON HORN, geb. 1944 und HEIN-DIRK STÜNITZ, geb. 1948, leben beide in Bargteheide in der Nähe von Hamburg. Der ehemalige Lehrer und der pensionierte Schulleiter sind verheiratet und haben beide zwei erwachsene Kinder. Die bisherigen Jahre ihres Ruhestandes haben sie zu Experten reifen lassen, die wissen, wie man den Ruhestand überlebt. Sie sind Verfasser von mehreren erfolgreichen Büchern: 111 GRÜNDE, GOLF ZU LIEBEN, 111 GRÜNDE, MALLORCA ZU LIEBEN und 111 GRÜNDE, LEHRER ZU SEIN, das zurzeit in der siebten Auflage vorliegt.

Dietrich von Horn & Hein-Dirk Stünitz
HOW TO SURVIVE IM RUHESTAND
Wie man das Leben ohne Arbeit in vollen Zügen genießen lernt
Mit Illustrationen von Jana Moskito

ISBN 978-3-86265-566-3
© Schwarzkopf & Schwarzkopf Verlag GmbH, Berlin 2016
Zweite Auflage November 2016
HOW TO SURVIVE – DIE REIHE MIT DEM HAI wird von Martin Brinkmann und Oliver Schwarzkopf herausgegeben | Alle Rechte vorbehalten. Dieses Werk ist urheberrechtlich geschützt. Jede Verwendung, die über den Rahmen des Zitatrechtes bei korrekter und vollständiger Quellenangabe hinausgeht, ist honorarpflichtig und bedarf der schriftlichen Genehmigung des Verlages. | Coverillustrationen: © I.Petrovic; © Photoshelter; © udra; © Syda_Productions; © wenbournac (www.depositphotos.de)

KATALOG
Wir senden Ihnen gern kostenlos unseren Katalog.
Schwarzkopf & Schwarzkopf Verlag GmbH
Kastanienallee 32, 10435 Berlin
Telefon: 030 – 44 33 63 00
Fax: 030 – 44 33 63 044

INTERNET | E-MAIL
www.schwarzkopf-schwarzkopf.de
www.facebook.com/schwarzkopfverlag
info@schwarzkopf-schwarzkopf.de